やさしい
公営企業
会計 第3次改訂版

地方公営企業制度研究会／編

ぎょうせい

はじめに

　地方公営企業は、昭和27年に地方公営企業法が施行されて以来、着実に発展し、上水道、下水道、病院、交通等の日常生活に欠かすことのできない重要なサービスの提供をはじめ、工業用水道、宅地造成等の地域開発のための基盤整備事業を通じ、地域住民の福祉の向上と地域社会の発展に大きな役割を果たしてきました。令和元年度末において地方公営企業を経営している団体数は1,784団体、事業数は8,222事業、そこに従事する職員数は33万1,167人、決算規模は16兆5,880億円となっています。

　公営企業会計は企業会計方式を採用しているため、官庁会計には見られない様々な特徴があり、はじめて公営企業に勤務される方が短期間でその内容を理解することは大変難しいと聞いています。

　そこで、新たに公営企業会計を担当することとなった方に向けて、その概略をできるだけわかりやすく解説したものが本書です。今回、消費税率（国・地方）の引上げを反映させた上で、再度「初任者が理解できるか」の視点で内容を見直しました。

　地方公営企業は、少子高齢化や人口減少等による収益が減少傾向にある一方で、老朽化が進行している施設の更新投資や多発する災害に対する防災・減災への対策が求められています。公営企業をめぐる経営環境が厳しさを増す中で、経営基盤の強化等を図るため、各地方公営企業は「経営戦略」の策定が求められています。

　また、簡易水道事業や下水道事業における地方公営企業法の財務規定の適用への対応など、経営・資産状況の「見える化」推進の基礎となるのが企業会計であり、財務諸表の活用です。

　このように、公営企業会計に関する知識を有する職員がより一層求め

られています。

　本書が公営企業会計の入門書として、地方公営企業に携わる方々にお役に立てれば幸いです。

　　令和２年11月

地方公営企業制度研究会

目　次

第1章　基礎概念

第3章　負債

第4章　資本

第5章　損益

第6章　予算

第7章　出納

第9章　法の規定の適用

経理職員心得帳

第1章

基礎概念

公営企業会計とは

1　はじめに

　企業局へ新規採用された方、一般会計部局から企業会計部局へ異動された方など、はじめて企業会計に携わる人にとって最初の関門が官公庁会計との違いです。

　地方公営企業の経理は、企業会計方式によっており、官公庁会計方式にみられない多くの特色をもっています。たとえば、複式簿記と単式簿記の違いです。

　官公庁会計で採用されている単式簿記においては、歳入は現金という経済価値の増加だけ、歳出もまた現金という経済価値の減少だけを記帳しています。そのため、価値の増加の代償として何を与え、価値の減少の代償として何を得たかは明確にされません。

　一方、複式簿記は、一つの取引によって生ずるある価値の増加と他の価値の減少との両面を記帳します。たとえば、物品の購入があった場合には、物品の増加と現金の減少とがそれぞれ記帳されます。

　民間企業における財貨等の記録は、ほとんどが複式簿記であるように、有用性の点で優れているのは間違いないものの、この「経理」というものは、はじめての人にはなかなか分かりにくいところがなきにしもあらずです。それは多分、一つには大変範囲が広く、内容も多岐にわたって

いるからでしょう。

　本書では、この少し分かりにくい、しかし、みなさんの仕事にはどうしても欠かせない経理の知識を、分かりやすく解説します。

2　複式簿記の歴史

　そもそも「複式簿記」というシステムは、どのようにして発達したのでしょうか。これについては諸説あるようですが、一般的には、イタリア・ルネッサンス期のベネチア（ベニス）、ジェノヴァ（ジェノア）等の都市国家において東方貿易の一航海における収支を明らかにするために発達したといわれています。

　わが国では、「天は人の上に人をつくらず、人の下に人をつくらず。」と言った、一万円札でお馴染みの福沢諭吉先生が、"BOOK KEEPING"を「簿記」と訳し紹介したことに始まるといわれています。

　このように発達した複式簿記ですが、現在ではほとんどの民間企業等で採用され、企業会計の主流となっています。官公庁会計に慣れ親しんだ皆さんの中には、企業会計を"複雑で分かりにくいもの"と敬遠される方もいらっしゃるようです。しかし、慣れると決して複雑なものではなく、むしろ現金主義、単式簿記を採用している官公庁会計が特異であり、一般的には分かりにくいとともに、経営状態や資産状況を明らかにするには単式簿記では不可能である、といった点も多く発見することでしょう。

3 公営企業会計と官公庁会計の違い

　地方公共団体の経営する公営企業は住民の福祉の増進を目的として営まれています。特に企業としての経済性を発揮する必要がありますので一般の官庁会計と異なった企業会計という経理方式によって財政状況がとらえられています。

　公営企業が事業を行うことにより、様々な取引が発生します。その取引の結果である決算において、

- 現金があるのに"赤字である"とか
- "資本的収入が資本的支出に不足する額を補填する"とか
- 収入に計上されていないが"資本剰余金を取り崩した"

など、官公庁会計においては耳慣れない、理解することが困難なことがあります。これらの言葉は、公営企業会計が官公庁会計と違い、

- 発生主義であること
- 損益取引と資本取引の区分があること
- 資産、負債及び資本の観念があること

などを指しているのです。

(1)　現金があるのに"赤字"

　"黒字・赤字"といっても公営企業（ここでは地方公営企業法を適用している事業をいいます。以下同じ。）会計でいう黒字・赤字と官公庁会計でいう黒字・赤字とは意味が全然違います。

　官公庁会計では収入と支出の資金差をいいますが、公営企業会計では収入及び支出を当年度の損益取引に基づくものと、投下資本の増減に関

する取引に基づくものとに区分した上で、損益取引の収支差（収益的収支）を黒字・赤字と呼んでいます。つまり、黒・赤に影響を与える取引と黒・赤には関係ない取引を区別しているのです。

　また、公営企業会計では、現金収支の有無にかかわらず経済活動の発生という事実に基づきその発生の都度記録し、整理する発生主義会計方式をとっています。これは、たとえば物品を購入した場合、官公庁会計では現金を支払った時点において支出として会計記録がなされるのに対し、公営企業会計では現金の支払いがなくともその債務が確定した時点、すなわち通常物品の納品の検収を行った時点において費用として記録されます。また、料金の収入があった場合、官公庁会計では現実に現金が収入された時点で収入として計上されますが、公営企業会計では債権が発生した時点、すなわち調定の時点で料金収入として計上されます。したがって、収入といっても必ずしも実際に現金が入金されたことにはなりません（図1－1）。

▶図1－1　発生主義と現金主義の記帳時点の違い

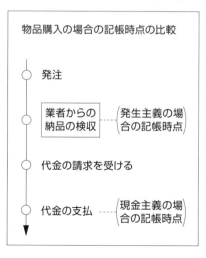

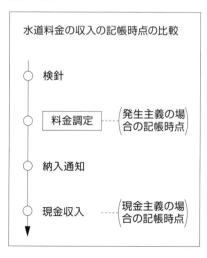

▶図1－2　期間計算による収益費用の配分

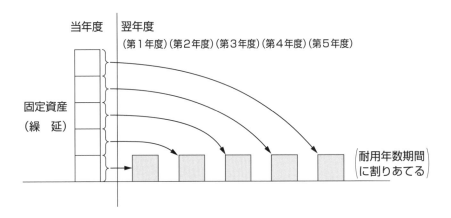

　さらに、官公庁会計では考えられないことですが、公営企業会計では支出の中に現金の支出を伴わない支出があります。これは、公営企業会計では期間計算が重視され、現金支出があってもそれをすべてその年度の費用とはせず、その年度の収益の獲得に役立ったと考えられる部分だけがその年度の費用として認められ、翌年度以降の収益に見合う部分（支出の効果が翌年度以降に持続するもの）は資産として繰り延べ、翌年度以降に順次費用化していくからです（**図1－2**）。

　このように、公営企業会計は官公庁会計と違い現金主義の感覚では語れず、"現金をもっているのに赤字"ということも何ら不思議ではありません（**図1－3**）。

(2)　資本的収入が資本的支出に不足する額を補填する

　公営企業会計には"補填財源"という概念があります。取引があった場合、それは損益取引あるいは資本取引に区別され記録されます。資本

▶図1－3　現金主義と発生主義で黒字、赤字が逆になる場合の例

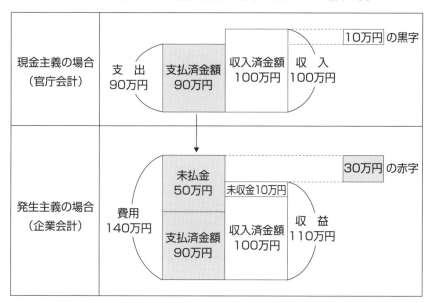

　取引による収入は建設改良等の財源としての企業債や国庫補助金などの外部資金が計上されます。これらの外部資金（資本的収入）が設備資金、企業債償還金等の資本的支出に不足する場合には、補塡財源を使用します。

　補塡財源には、経営活動の結果生じる利益や費用中に計上されている減価償却費等現金支出を伴わない支出によって企業内に留保されるもの、前年度以前にすでに受け入れた寄附金、工事負担金などが充てられます。

　このように、会計としては一つであっても、損益取引の結果生じた資金を把握しつつ資本的支出に充てるというように、損益取引と資本取引とを明確に区別しているため、補塡財源という概念が出てくるのです（図1－4）。

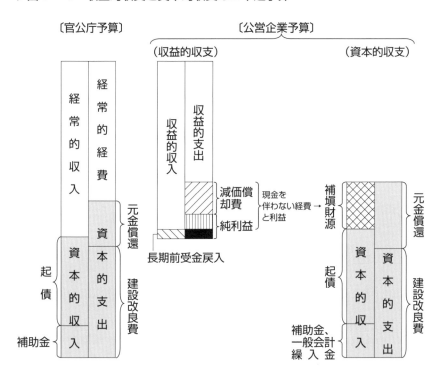

　予算様式においては、４条予算（資本的収支予算）本文に括弧書きとして示します。これが４条本文括弧書きの補塡財源といわれるものです。予算様式上、４条の収入そのものとせず、本文括弧書きで記載するのは、４条の資本的収入と異なり企業外から直接得るものでなく、企業内において資金的に得られるものだからです。収入支出予算としてもこれらはいずれも当該事業年度又は前事業年度以前の３条予算（収益的収支予算）又は４条予算を経てきているからです。

　補塡財源として使用できる項目をあげると、消費税及び地方消費税資本的収支調整額（当年度分、過年度分）、繰越工事資金、引継金、引継

貯蔵品、積立金、損益勘定留保資金（当年度分、過年度分）、繰越利益剰余金処分額、当年度利益剰余金処分額があります。現金の収入を伴わない長期前受金戻入や一時借入金は財源とはいえず、補填財源として使用することはできません。

　損益勘定留保資金について簡単に説明しますと、３条予算における費用のうち現金の支出を必要としない費用、すなわち減価償却費、たな卸資産減耗費、固定資産除却費（現金支出を伴う除却費用を除いたもの）、減損損失の合計額がこれに当たります。

　以上のように、補填財源として使用することのできる性質のものを列挙しました。これらのものが帳簿上は存在していても、それに見合う流動資産があるわけではないので、実際に補填財源として使用するためには、それに見合う流動資産があることを確認しておかなければなりません。

（3）　資本剰余金の取り崩し

　資本剰余金とは、資本取引によって企業内に留保された剰余です。たとえば、償却資産以外の固定資産の取得又は改良に充てる目的で交付された国庫補助金、県補助金等で積み立てたものがこれに当たります。そのほかに、受贈財産や償却資産以外の固定資産の取得又は改良に充てる目的で他から提供された寄附金も資本剰余金に当たります。

　ただし、剰余金といっても、現金という概念とは別ものだと認識しなければなりません。官公庁会計は、資産、負債、資本という概念がないため理解しにくいことだと思います。類似観念としては、資産について財産、物品、金銭の区別があり、負債については地方債、借入金の区別があります。いずれも単に類似観念に過ぎず、資本についてはその類似観念すらありません。したがって現金と剰余金が混同されても不思議で

はありません。

　しかしながら公営企業会計においては、これらは明確に区別されることになります。現金は「資産」の部に属するもので、企業の経営の活動手段である資産の一運用形態であり、資産を「現金」として保有していることを意味します。一方、剰余金は「資本」の部に属するもので、資産がどのようにして得られたかを示すものです。「負債」と「資本」は

経理職員心得帳

3条予算と4条予算

　はじめて公営企業に配属され、ようやく借方、貸方という言葉にも慣れた頃の話です。上司から、「3条予算と4条予算」という耳慣れない言葉を含んだ仕事を頼まれました。

　そこですぐに質問すれば良かったのですが、あまりにも忙しそうにしていたので、どうしても質問できずにおりました。

　まあ、心配しなくても、どうせ公営企業のことなんだから「地方公営企業関係法令集」にのっているだろうと、法令集を開きました。

　地方公営企業法第3条（経営の基本原則）、第4条（地方公営企業の設置）ではないとすると、施行令かな、これも違う、それでは、施行規則かな。

　あれ、おかしいな、のっていない。そうだ、きっと企業会計原則だ！　えー、ここにもない。と、法令集をくまなく探してもみつかりません。

　こんな時は、誰かに聞くにかぎると同僚に聞いてみました。「それは、施行令かなにかにのってるんじゃないの」との返事。「いや、法令集にはのっていない」「そんなはずないよ」と、分からずじまい。

　だいぶ時間も経ってしまい、いまさら上司に聞くわけにもいかず、別の係の実務経験豊富な後輩に、そっと、聞いたところ、地方公営企業法施行規則別記第一号に規定されており、「公営企業の経理の手引」の予算のところを開いて、予算様式の第3条（収益的収入及び支出）と、第4条（資本的収入及び支出）の説明をしてくれました。

　今では笑い話として、初任者を対象とした公営企業の財務会計講習会の折に、この3条予算と4条予算について聞いてみましたが、やはり知らない人の方が多かったようです。

もともと自分のものなのか、借り入れたものなのか、あるいはもらったものなのかなど「資産」の調達源泉を意味します。

　したがって、資本剰余金が貸借対照表上存在するからといっても、それは資本取引があった時点で資本剰余金として整理される取引であったことを意味しているにとどまり、必ずしもそれに見合う現金をもっていることにはならないのです。

　実際、資本的支出に充てられるために受け入れられたものであれば、すでに資本の支出に充てられて現金としては残っていないでしょうし、受贈財産評価額であれば、そもそも現金でなく物として存在しています。

　以上のことから、資本剰余金が「積立金」とは違うことがお分かりいただけたと思います。では"資本剰余金を取り崩す"とは一体どういうことなのでしょうか。

　積立金であれば、取り崩すことによって支出の財源に充てることになるのでしょう。しかし、資本剰余金の場合の"取り崩し"とは、資本としての資本剰余金を減少させることを意味し、「支出の財源に充てる」というようなこととは全く関係ありません。

　公営企業では条例又は議会の議決を経た場合に、資本剰余金を減少させる（＝取り崩す）ことができます。

　公営企業会計と官公庁会計の違いについて、簡単に整理すると次のようになります。

① **現金主義でなく発生主義である**

　官公庁会計では、現金の収入及び支出の事実に基づいて経理記帳される現金主義会計方式を採用しています。対して、公営企業会計では、現金の収支の有無にかかわらず経済活動の発生という事実に基づき、その発生の都度、記録・整理する発生主義会計方式を採用しています。

② 期間計算（費用配分）という概念がある

官公庁会計では、当年度の現金支出はそのまま当年度の費用となります。公営企業会計では、現金支出があっても、それがすべてその年度の費用となってしまうものではなく、現金支出のうち、その年度の収益の獲得に役立ったと考えられる部分だけがその年度の費用として認められ、翌年度以降の収益に見合う部分は資産として繰り延べられます（このことを「費用配分の原則」又は「費用収益対応の原則」といいます。）。

したがって、減価償却費、長期前受金、前払費用、未払費用といったものが、公営企業会計に存在します。

経理職員心得帳

一般会計からの繰入金（公営企業繰出基準）

地方公営企業は、企業性（経済性）の発揮と公共の福祉の推進を経営の基本原則としています。その経営に要する経費は経営に伴う収入（料金）をもって充てる独立採算制が原則です。

しかし、法では、
・公営企業の収入をもって充てることが適当でない経費
・能率的な経営を行ってもなお収入のみをもって充てることが客観的に困難であると認められる経費

などについて、補助金、負担金、出資金、長期貸付金等の方法により一般会計等が補助・負担するものとされています。

この経費負担区分のルールは、毎年度「公営企業繰出基準」として総務省から示されています。

これらの経費は、毎年度、国が決定する地方財政計画に「公営企業繰出金」として計上され、その一部は地方交付税などにより財政措置が講じられています。

一般会計等が補助・負担すべき経費については、公営企業繰出基準を踏まえ地方交付税や企業債の内容をよく確認して、財政担当課と協議しましょう。

③　損益取引と資本取引の区分がある

　官公庁会計では、すべての収入を「歳入」及びすべての支出を「歳出」とし、それぞれ一括して差引剰余金を計算します。公営企業会計では、歳入及び歳出を

　　ⓐ　当年度の損益取引に基づくもの

　　ⓑ　投下資本の増減に関する取引に基づくもの

に区分しています。

　このため、予算においても「収益的収支」と「資本的収支」の2本建てとされています。

④　資産、負債及び資本の観念がある

　官公庁会計には、資産、負債及び資本という観念はありません（しいていえば、資産については財産、物品及び金銭、負債については消極財産という類似観念はあります。）。公営企業会計では、これらが明確に区分され、

　資産 － 負債 ＝ 資本

という算式によって資本が算出されます。したがって、「資産」と「負債及び資本」とは常にバランスしています（図1－5）。

⑤　予算及び決算の双方を重視する

　官公庁会計では、その収入のほとんどが、税又はそれに類するものですから、歳出を抑制することや効率的な配分に重点が置かれているため、予算中心主義をとっています。これに対し、公営企業会計では、企業経営において最大の経済性を発揮することを目的としているので、予算とともに決算にも重点が置かれています。

▶図1−5 「資産」と「負債・資本」とは常にバランスしている

4　株式会社会計と公営企業会計との相違点

　では、次に株式会社と比較してみましょう。公営企業の会計は、株式会社と同じく企業会計方式に基づきますが、主に次のような違いがあります。

①　企業会計原則に基づいている

　株式会社に対しては、会社法及び税法が適用されるため、企業会計原則に基づく会計処理との間にかなりの調整が必要です。しかし、公営企業にはこれらの適用がないので、原則として企業会計原則に従って経理されます。

②　株式資本金はない

　株式会社にあっては、資本金はそのほとんどが株式発行によるものですが、公営企業ではこれに当たるものはありません。その代わりに、他会計からの出資の道が開かれています。

③　国庫補助金等により取得した固定資産の償却

　税法上は、国庫・県補助金等によって取得した資産については当該部分を差し引いた残額を取得価額とする、いわゆる「圧縮記帳」が認められています。しかし公営企業では認められず、全額計上することになっています。

　これは、①でも述べたように、公営企業は、企業会計原則に従って経理されるため、「総額主義の原則」から資産、負債又は資本の各々について、その全部又は一部を他のものと相殺して記入することができないためです。

　なお、償却資産の取得又は改良に充てるための補助金等をもって償却資産を取得又は改良した場合は、当該補助金等の相当額を長期前受金勘定をもって整理し、償却資産の減価償却に合わせて収益化しなければなりません。

④　予算制度がある

　公営企業会計の予算は、議会の議決を経て定めなければなりません。株式会社会計が決算中心主義であることに対して、公営企業会計は、予算と決算の双方を重視する立場にあります（**表1－1**）。

▶表1－1　予算制度と企業会計

官公庁会計	予算中心主義
株式会社会計 （企業会計）	決算中心主義
公営企業会計	予算、決算双方重視の立場

簿記の原理

　簿記は、経済主体（個人、企業、地方公共団体等）における経済価値（財貨、貨幣、債権、債務、用役等）の動きを貨幣を表現単位として記録し、計算し、かつ整理するものです。

　その目的は、財貨貨幣の動きを整理、記録することによって、経済主体における適切な財産の運営、管理を確保することにあります。

1　複式簿記とは

　経済主体が通常行う経済活動は、経済価値が相互に交換されることにより成立しており、"ある経済価値の増加は他の経済価値の減少をもたらす"という二つの側面をもっています。

　たとえば、AがBから現金100万円で物品を購入した場合、Aは現金の所有が100万円減少する代わりに、物品という資産が増加することになります。これを記録するに当たっては、現金の出し入れと物品の増減をそれぞれ記録することにより経済価値の動きをよりはっきりさせることができます。

　このように、経済活動の記録を、その二つの側面に注目してすべての経済価値の変動を記録するものが「複式簿記」です。

　これに対し、貨幣、財貨等の変動の一面のみを記録するものが「単式

簿記」です。主に家計や官公庁会計で使われている単式簿記は、その有用性の乏しさから、現在では一般の企業においてはほとんど採用されていません。

2　複式記帳の法則

　複式簿記による経済活動の記録には、「勘定」という特別な形式が用いられています。これは、同種類、同性質の経済価値ごとに設けられ、それぞれの経済価値の増加と減少を同時に記録するために"T字形"の形式がとられています。

火災や盗難も「取引」？

　複式簿記においては、貨幣及び財貨等の経済価値の変動を伴う事実をすべて「取引」と呼んで記録の対象としています。したがって、火災、盗難、貸倒れ等による財産の滅失、備品、建物などの使用による価値の減少などのように、一般的には「取引」と呼ばれないものも、現実に貨幣、財貨の量や価値が変動するため、複式簿記においては「取引」として扱われるのです。

このＴ字形の左側を借方、右側を貸方といいます。ある勘定の一方の側（たとえば借方）と他の勘定の別の側（たとえば貸方）とに同じ金額を二重に記帳することになっており、このことを「複式記帳の法則」と呼んでいます。

《複式記帳の法則》

① 資産と費用は、すべて増加したときは借方（左側）に、減少したときは貸方（右側）に記入し、

② 負債と資本、それに収益は①と反対に増加したときは貸方（右側）、減少したときは借方（左側）に記入する。

〈資産〉		〈費用〉		〈負債〉		〈資本〉		〈収益〉	
増加	減少	発生	消滅	減少	増加	減少	増加	消滅	発生

なお、借方及び貸方の相手の対応関係は、１対１だけでなく、１対２以上の対応もあります。この場合においても、借方の合計と貸方の合計は常に均衡します。

たとえば、書棚を５万円で取得し、２万円を現金で支払い、残額を未払いとした場合は、備品、現金、未払金の３つの勘定の関係は、次のようになります。

各対応関係の取引例は、**図１−６**のとおりです。

以上のような法則のもとに、取引を複式簿記で記録するには「仕訳」といわれる手段を踏んで行われます。仕訳の手順は次のとおりです。

① その取引をある経済価値の増加と他の経済価値の減少という要素

に分解する。

② 　それぞれの経済価値の増減を記録する勘定科目を定める。

③ 　勘定科目の借方、貸方のいずれに記入すべきかを決める。

④ 　それぞれの勘定科目の借方と貸方に記入すべき金額を決める。

▶図1－6　取引8要素の結合関係

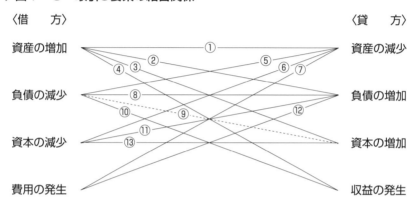

〈借　　方〉　　　　　　　　　　　　　　　　　　　　〈貸　　方〉

資産の増加　　　　　　　　　　　　　　　　　　　　資産の減少

負債の減少　　　　　　　　　　　　　　　　　　　　負債の増加

資本の減少　　　　　　　　　　　　　　　　　　　　資本の増加

費用の発生　　　　　　　　　　　　　　　　　　　　収益の発生

① 　備品を現金で購入する。

② 　現金を借り入れる。

③ 　出資金を一般会計から繰り入れる。

④ 　料金を現金で受け取る。

⑤ 　借入金を現金で返済する。

⑥ 　一般会計から出資を受けており、利益剰余金の処分として、一般会計に
　　対して納付金を納付する。

⑦ 　給料を現金で支払う。

⑧ 　退職手当の財源として借り入れた起債前借を企業債に切り換える。

⑨ 　（旧会計制度では建設改良のための財源として借り入れた起債前借を企業
　　債に切り換える場合であったが、新会計制度では想定されない。）

⑩ 　借入金の返済を免除される。

⑪ 　出資金として受け入れたものを営業運転資金としての長期借入金に振り
　　替える。

⑫ 　消耗品としてコピー用紙100箱が納入されたが、支払いは未了である。

⑬ 　未処分利益剰余金の一部を減債積立金として処分する。

あれ、借方ってどっち側だっけ？

　はじめて企業会計に携わることとなった皆さんは、仕訳等を行う場合に、「借方に○○円、貸方に○○円で借方はというと……。ややこしいなあ。なんで左側、右側といわないんだろう？」と思った方も多いと思います。

　借方、貸方という語源を知るには、中世までさかのぼらなければなりません。当時のイタリアにおける銀行簿記法では、金銭を貸し付けると、帳簿を見開きにしてその借入人名の勘定口座を開設して彼が借主であることを示すためにその金額を左ページに記入し、また、金銭を預かるとその預金者名の勘定口座を開設して彼が貸主であることを示すためにその金額を右ページに記入することとなっていました。後に、貸付金の返済を受けた場合には右ページ、預金の引き出しがあった場合には左ページにそれぞれ反対記入を行いました。

　このように、借主を示すために左側、貸主を示すために右側に記入したことから、左側を「借方」、右側を「貸方」と呼ぶようになったのです。

　その後、商業において一般的に簿記が普及し、備品や建物といった物的勘定、費用・収益勘定をも記帳の対象とするようになり、貸借関係以外の勘定記録の割合が大きくなるにつれて、その本来的な意味はどんどん薄れていきましたが、それでもなお、慣用語として現在も広く使われているのです。

　ここでいちばん手っとり早い覚え方をお教えしましょう。ポイントは「借り」の"り"、「貸し」の"し"にあります。空中に指先で"り"と書いてみてください。指先は最後は左側に流れますね。同様に"し"と書くと指先は右側に流れます。つまり流れる指先で「借"り"方」は左側、「貸"し"方」は右側と覚えるのです。慣れればすぐに判断できるようになりますので、それまではこんな覚え方もいかがですか？

公営企業の会計の原則

　公営企業は、企業であるとともにその運営の良否が直接公共の利害と結びつくために、特にいくつかの決まったルールにより、その経営状況が明示できるようにされなければなりません。そのために公営企業の会計処理については、会計の原則（令第9条）に基づいて行う必要があるとされています。

　この原則は、公営企業の会計処理の基本ルールともいえます。まず、この原則について説明します。

1　真実性の原則

> 　地方公営企業は、その事業の財政状態及び経営成績に関して、真実な報告を提供しなければならない。（第1項）

　公営企業の財政状態及び経営成績は財務諸表という形式（損益計算書や貸借対照表といったもの）で報告されます。すなわち真実な財務諸表を作成しなければならないということを意味しています。

　ここでいう「真実な財務諸表」というのは、以下に述べる会計原則を満たした財務諸表のことであり、したがって、この原則は他の会計原則

をすべて満たすことを要請しています。

2 正規の簿記の原則

> 地方公営企業は、その事業に関する取引について正規の簿記の原則に従って正確な会計帳簿を作成しなければならない。（第2項）

正規の簿記の原則に従った正確な会計帳簿とは、公営企業の活動を継続的かつ正確に記録し、計算し、整理した会計帳簿のことであり、このような帳簿を基に真実な財務諸表が作成されることになります。

では、具体的に正規の簿記とはなんでしょうか。現在、帳簿の組織及び機能については、「単式簿記」と「複式簿記」との二体系がありますが、企業の活動をより正確に把握できる帳簿とは複式簿記のことであるといえます。つまり、この正規の簿記の原則とは、「複式簿記の原則」を意味しています。

3 資本取引と損益取引との区分の原則

> 地方公営企業は、資本取引と損益取引とを明確に区分しなければならない。（第3項）

資本取引と損益取引の区分は、官公庁会計方式にはない概念です。

　企業の経営活動とは、端的にいうと、その企業に投下された「資本」というものを、製品等に変え、これを営業活動によって営業収益として現金等に転化し、最終的には自らの「資本」増加を目的とする活動であるといえます。このような資本の増加という企業活動の結果を、営業活動による損失や利益の結果として生じたもの（損益取引によるもの）と、それとは関係のない資本独自の増減（資本取引によるもの）とを明確に区分しなければ正確な企業の経営活動を把握したとはいえません。そこで、資本取引と損益取引を明確に区分する必要があります。

4　明瞭性の原則

> 　地方公営企業は、その事業の財政状態及び経営成績に関する会計事実を決算書その他の会計に関する書類に明瞭に表示しなければならない。（第4項）

　公営企業の財政状態や経営成績の善し悪しは、住民にとって重大な関心ごとです。明瞭性の原則は、公営企業の公共性と経済性の二面の同時的な充足のためにも当然なことです。

　では、どのように表示されることが明瞭といえるのでしょうか。貸借対照表や損益計算上にどのような形で、明瞭性の原則が維持されるべきかは、おおよそ次のように考えられます。

- 資産、負債又は資本の各々について、その全部又は一部を他のものと相殺することはせず、総額で表示すること（総額主義の原則）
- 仮払金、未決算の科目をもって貸借対照表へ表示するには、その性質

を示す適切な科目で表示すること。収益及び費用は、その全部又は一部を相殺してはならないこと

- 財務諸表に脚注、内書等を記入すること及び附属明細書（収益費用明細書、固定資産明細書及び企業債明細書等）を作成すること

等です。

5　継続性の原則

> 　地方公営企業は、その採用する会計処理の基準及び手続を毎事業年度継続して用い、みだりに変更してはならない。(第5項)

　継続性の原則の必要性は、各事業年度の損益計算の方法や貸借対照表の形式を一定とすることにより各事業年度の財政状態及び経営成績を比較検討し経営の合理化に役立てることにあります。

　たとえば、何通りかの会計処理方法が認められている場合（減価償却の方法、たな卸資産の評価方法等）には、一度選択した方法は、正当な理由がない限り変更しないこと、財務諸表の作成方法（勘定科目名の位置、その配列方法等）を変更しないこと等が挙げられます。

6 保守性（又は安全主義）の原則

> 地方公営企業は、その事業の財政に不利な影響を及ぼすおそれがある
> 事態にそなえて健全な会計処理をしなければならない。（第6項）

　この原則の具体的内容は、認められた会計処理の方法が何通りもある
場合には、そのうちで最も健全な方法を適用することの要請を意味して
います。

　将来の欠損金を補塡するための利益積立や企業債の元金償還のための
減債積立をすること、適切に各種引当金を計上すること等がこの原則を
保障しています。

　以上、公営企業の会計原則について述べましたが、経理処理方法にお
ける、公営企業会計の官庁会計とは異なる制度は、このような原則に従っ
て定まったものです。

　公営企業の経理をはじめて担当される方は、「なぜこのような方法で
もって経理をするのか。」という疑問をもたれることと思います。公営
企業の実務に際し、通常の経理処理とは違うケースが生じた場合には、
これら原則に従った判断をします。

発生主義

　公営企業会計と官公庁会計の経理方法の大きな相違点として、発生主義と現金主義の違いがあることはすでに説明しました。

　ここでは、より具体的に発生主義とは何かについて説明します。

1　発生主義と現金主義

　「現金主義」は、現金の異動に着目し、現金の異動があった時点でその事実について、収入と支出にわけて計上するものです。現金が実際に出たか入ったかで経理するわけですから、経理方法として簡単であるとともに明確であるといえます。

　一方、「発生主義」は、経済価値の変動を伴うあらゆる事実について、その原因となる経済活動の発生の時点で整理・記録しようというものです。これには、具体的に経済価値の変動とは何か、経済活動の発生とは何か、さらにはその経済活動の性質はいかなるものかといった事柄についていろいろなルールに基づいて判断して計上する必要が出てきます。したがって、発生主義は現金主義に比べ複雑ですが、経営の実質をとらえるのに便利であるといえるでしょう。

　このように、どちらの方法にも一長一短はありますが、公営企業については発生主義によって経理します。それは、公営企業は経営成績、財

政状況を的確に把握することにより、経済性の発揮に努めることを要請されているからです。

では、なぜ発生主義の方がこのような点で現金主義よりも優れているといえるのでしょうか。その理由としては、

- 企業の経済活動の中には、現金の異動を伴わないけれども経営にかかわる事項（たとえば土地の贈与等です。）があり、これを把握する必要があること
- 経済取引の多くにおいては、債権債務の発生時点と現金の異動の時点とで食い違いが生じるのが普通です。そのため財政状況を把握するためには、経済活動を債権債務の発生時点でとらえる方が実質的であり、正確であること
- 収益と費用を対応させて、正確に経営成績を把握するためには、費用と収益の対応関係に基づく発生の事実をとらえる必要があること

があります。

つまり、これらの要請を満たすためには、現金主義では不十分なのです。

2　期間損益計算書と発生主義

長期にわたって継続される公営企業の事業活動の成果を明らかにするには、一定の期間を区切ってその期間のとりまとめをして成績を把握することが必要になります。

公営企業は、「一事業年度」という期間をもって、その期間内における事業の収益及び費用を把握して計算し、経営成績を明らかにしています。この計算を「期間損益計算」といいます。ある費用や収益がどの期

間に属するのかを正確に整理していなければ、期間損益計算による経営成績の把握は不可能です。この決定基準となるのが発生主義です。

　つまり、ある期間に生じた収益と、これを得るために要した費用とを、対応させて認識する（これを「費用収益対応の原則」といいます。）ことにより、その期間の経営成績を的確に把握するために、発生主義を基準として期間損益計算を行います。

　たとえば、建設改良に要した経費は、建設改良を行った期間の費用として収益に対応させることは適当とはいえません。なぜなら、建設改良によって取得した固定資産は数事業年度営業活動に利用するわけですから、数事業年度に「減価償却費」として割り当てて費用として計上（費用化する）して、その事業年度の収益と対応させた方が正確であるからです。

　また逆に、退職金は、将来のある期間に支出されるものですが、将来において実際に現金支出がある期間にすべてを費用として計上するよりも、むしろそれ以前の期間の収益にもその一部を対応させることが適当です。そのため、それ以前の期間の費用（退職給付引当金）として見越計上（引当）します。

第5節

年度所属区分

　期間損益計算を行う場合、「発生の事実」に基づき、これを「発生した年度に正しく割り当て」ることが必要になります。

　どのように割り当てればよいのか、個別に述べてみましょう（令第10条～第12条）。

1　収益の年度所属区分

　収益については、企業の経営の安全性を確保するために、一般には、未実現収益は原則として当期の損益計算に計上してはならない（実現主義）とされています。これは、発生主義に対する若干のしばりともいえるものですが、この収益の実現とは単に現金収入をもっていうのではありません。

(1)　主たる収益及び附帯収益

　主たる収益及び附帯収益については、これを調査決定（調定）した日の属する年度に整理します。ただし、これにより難い場合は、その原因である事実の存した期間の属する年度によるとされます。

　たとえば、上水道事業において、給水収益は主たる収益であり、この

給水収益は検針等によって調査決定をした日の属する年度の収益とされます（正確には、調査決定した時点では現金の受取がないため、資産としては未収金とされますが、未収金部分も収益の額とされます。）。

(2) 資産の賃貸料その他これに類するもの

資産の貸付等は、あらかじめ取り結んだ契約の内容から、収入額も確定されます。そこで、この場合は、貸付料等の現金収入の有無にかかわらず、貸付等の「事実の存した期間の属する年度」に収益を計上します。

たとえば、翌年度にわたって貸付等が継続される場合には、貸付料を翌年度にまとめて受け取ることとしていても、経過期間により今年度と翌年度とに配分して収益の計上をします。

(3) その他の収益

(1)(2)以外の収益は、収益の発生の原因である事実の生じた日の属する年度によります。

2 費用の年度所属区分

費用の考え方は、そもそも一般に考えられる現金の支出とは性格を異にしています。

たとえば、材料を購入した場合、購入した時点では直接費用が生じません。なぜなら企業全体の資産を考えた場合、材料を購入したとしても、現金（という資産）が材料（という資産）に変わっただけであると考え

られるからです。材料を消費した場合にその消費した分相当額の費用が発生したと考えます。

　このように、費用の発生自体に官公庁会計（現金主義）とは違うところに公営企業会計の特色があり、そのため資本取引と損益取引が区別されています。費用の発生のとらえ方は収益に比べ複雑になっているといえるでしょう。

　なお、このようにして発生する費用については、以下のように年度所属区分が定められています。

（1）　支払を伴う費用

　支払を伴う費用とは、費用の中で外部に対して支払を伴わないもの（減価償却費等）以外の費用をいいます。

　支払を伴う費用については、債務の確定した日の属する年度によります。債務の確定した日とは、支払を行った日や所有権を取得した日ではなく、「引渡しを受けて検収を完了したとき」をもって債務の確定とします。

　なお、収益における貸付料等と同様に、保険料、賃借料その他これらに類するものについては、保険、賃借その他支払の原因である事実の存した期間の属する年度によります。

（2）　減価償却費

　減価償却とは、使用や時間の経過について、経済的な価値（将来収益を生み出すことのできる力）が減少していく建物や設備などの有形固定資産について、それを使用する期間（耐用年数）にわたって徐々に費用化していくことです。

減価償却費については、減価償却を行うべき日の属する年度によります。なお、減価償却は毎事業年度行われますので、その年度の末日にその年度分の費用が計上されます。

(3)　その他の費用

　(1)(2)以外の費用については、費用の発生原因である事実の生じた日の属する年度によります。これにより難い場合は、その原因である事実を確認した日の属する年度によります。

3　資産等の増減又は異動の年度所属区分

　資産、資本及び負債の増減及び異動については、その原因である事実の生じた日を基準として区分し、これにより難い場合はその事実を確認した日の属する年度により区分します。

経理職員心得帳

減価償却費って何だろう？

　「減価償却費」や「耐用年数」という言葉は、今までにも結構耳にした言葉ですが、さて、どういう意味かというとなかなか説明できないもの。企業会計を知って「なるほどこういうものだったのか。」と分かります。では、減価償却費はどうやって計算するのでしょう。

　冷暖房設備を購入したけれど、耐用年数は何年か。「電気機器メーカーは20年はもつ、と言っていたけど20年でいいのかな。」「定率法で計算するようにと言われたけど計算方法にルートが使ってある。困った。」

　そういう時は地方公営企業法施行規則の別表を見ればいいのですが、なるほど公営企業の会計は初任者にとっては、いろいろなルールを理解するのが大変な分野かもしれません。

　ところで、「減価償却費」を「原価償却費」と書いてしまう人がいます。間違えた経験のある方は、いませんか。

消費税の経理

● 1 消費税の基本的な考え方

(1) 基本的な仕組み

　消費税は、特定の物品やサービスに課税する個別消費税（酒税・たばこ税等）とは異なり、消費一般に広く公平に課税する間接税です。ほぼすべての国内における商品の販売、サービスの提供を課税対象とし、取引の各段階で10％（うち2.2％は地方消費税）の税率で課税されます。

　国、地方公共団体といった公共機関においても例外とはなりません。

　消費税は、事業者に負担を求めるものではありません。消費税金分は事業者が販売する商品やサービスの価格に含まれて、次々と転嫁され、最終的に商品を消費し又はサービスの提供を受ける消費者が負担することとなります。事業者は消費税の申告・納付をするだけです。

(2) 消費税の仕組み

　消費税は、最終的には消費者が負担するものですので、事業者は消費者から受け取った消費税を申告・納付します。しかし、事業者も商品の仕入れやサービスの提供を受けた際に消費税を支払っているため、受け

▶図１−７　取引段階ごとの税額計算の例

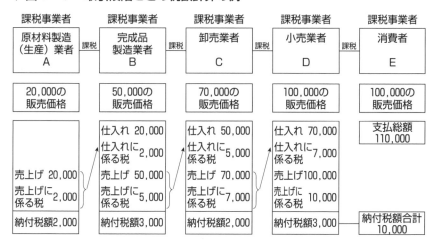

（注）単純化のための原材料製造（生産）業者の前段階はないものと仮定している。

取った消費税から支払った消費税を控除した金額を納付（又は還付を受ける）します。また、消費税の申告については、令和２年４月１日以後に開始する事業年度から電子申告が義務化されています。

　消費税計算の詳細については、４「消費税額の計算」で解説します。

2　消費税及び地方消費税の経理処理方法

　消費税及び地方消費税の経理処理方法としては、

①　税抜処理方式

②　税込処理方式

があり、一般的にはどちらの方法も選択可能です。また、どちらの経理処理方式を採用しても、消費税及び地方消費税の納税額は変わりません。

　以下では、それぞれの処理方式について説明しましょう。

（1） 税抜処理方式

　税抜処理方式は、消費税及び地方消費税は最終的には消費者が負担するものであるという原則から、本来の売上や仕入、経費などと消費税及び地方消費税を完全に分離し、消費税及び地方消費税については仮払勘定や仮受勘定で処理します。

　消費税及び地方消費税を税抜処理する考え方は次の理由に基づいています。

① 　消費税及び地方消費税は最終的には消費者が負担し、適正な転嫁が行われるため、たとえば、仕入にかかる消費税及び地方消費税額は売上にかかる消費税及び地方消費税額から控除される。したがって、消費税及び地方消費税は費用又は損失という認識には合わず、企業会計上は短期的な通過勘定として仮受金、仮払金という性格のものである。

② 　売上高、仕入高に影響を与えないので企業損益に影響を与えない。

③ 　税抜経理をすれば、正味対価と税額が区分されるため、消費税及び地方消費税の転嫁が容易にでき、消費者にも理解が得られやすい。

④ 　付加価値税を採用するヨーロッパ諸国では、税抜経理を採用している。

⑤ 　税抜経理をすることによって、消費税及び地方消費税導入前の財務諸表と導入後の財務諸表の比較ができる。

　消費税及び地方消費税を税抜経理した場合の具体例は、設例1のようになります。

設例 1　880万円（税込）の物を仕入れ、50万円の人件費をかけた上で、1,100万円（税込）で売った。

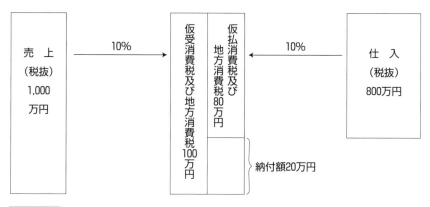

仕　訳

①取引時

売掛金	1,100万円	売　上	1,000万円
		［仮受消費税及び地方消費税］	100万円
給　料	50万円	現　金	50万円
仕　入	800万円	買掛金	880万円
［仮払消費税及び地方消費税］	80万円		

②決算時

［仮受消費税及び地方消費税］	100万円	［未払消費税及び地方消費税］	20万円
		［仮払消費税及び地方消費税］	80万円

（2）　税込処理方式

　税込処理方式は、上乗せする消費税及び地方消費税を本来の取引に取

り込んで経理する方式です。税込処理方式を採用する理由としては、以下のものが考えられます。

①　消費税及び地方消費税は、物品税と同様財貨又はサービス取得のための費用である。

②　事務処理が簡単である。

③　簡易課税の適用の対象となる場合には、税込経理の方が適している。

> **《簡易課税とは？》**
>
> 　簡易課税制度は、中小事業者が納める消費税及び地方消費税額（以下「税額」といいます。）を計算する際、仕入額を売上の一定割合とみなして簡単に算出することを認める制度です。
>
> 　消費税及び地方消費税では生産や流通の各段階で二重、三重に税を課すことがないよう、売上にかかる税額から仕入れにかかる税額を差し引きます。しかし、税額を正確に計算するのは中小事業者に大きな事務負担となることから、基準期間（通常は前々年度）の課税売上高が5,000万円以下の事業者には簡易課税制度を選択することが認められています。（消費税法第37条）
>
> 　病院事業は、医療収入の大宗を占める社会保険診療報酬は非課税とされています。そのため、簡易課税制度の対象となるケースも多いと見込まれます。

　消費税及び地方消費税を税込処理した場合の具体例は、設例2のようになります。

設例2　設例1と同じ（880万（税込）の物を仕入れ、50万円の人件費をかけた上で、1,100万円（税込）で売った。）。

売　　上	仕　　入
1,000万円×110% 1,100万円	800万円×110% 880万円
	（売上）－（仕入） 220万円

$$納付税額 = 220万円 \times \frac{10}{110} = 20万円$$

仕　訳

①取引時

仕　　入	880万円	買掛金	880万円
給　　料	50万円	現　　金	50万円
売掛金	1,100万円	売　　上	1,100万円

②決算時

消費税及び 地方消費税	20万円	未払消費税及 び地方消費税	20万円

（3）　税抜処理方式と税込処理方式の差異

　以上、消費税及び地方消費税の税抜処理方式と税込処理方式についてそれぞれ説明してきました。両者の最大の差異は損益への影響の有無にあります。

　すなわち、税込経理をした場合、資本取引等にかかる消費税及び地方消費税額が損益計算に影響を及ぼし、利益が過大に表示される場合があるのに対し、税抜処理ではこのような影響は生じません。

　これは、たとえばある事業のために多額の物品購入を行った場合、そ

の購入に当たって支払った消費税及び地方消費税額は、本来料金収入における消費税及び地方消費税等により消費者に転嫁されます。しかし、事業開始後間もないような場合には料金収入がほとんどなく、支払った消費税及び地方消費税の方が受け取った消費税より大きくなるため、消費税及び地方消費税の還付を受け、税込処理方式ではそれが利益として表示されます。

これを計算式で示すと、以下のようになります。

資本的支出及びたな卸資産の購入にかかる消費税及び地方消費税額
－　資本的収入にかかる消費税及び地方消費税額相当分
＝　当期純利益過大表示分

なお、税込処理方式で、消費税及び地方消費税導入後に取得した資産については、取得価格が消費税及び地方消費税分過大となっているため、減価償却費等現金支出を伴わない支出に占める消費税及び地方消費税相当分も当期利益に影響を及ぼします。

これを具体的な設例で見てみましょう（設例3）。

設例3　　A市では今年度より下水道の供用を開始し、100万円（消費税及び地方消費税抜き）の料金収入があったが、今年度も建設事業を行っており、全額企業債により10億円（消費税及び地方消費税抜き）の資本的支出を行った。なお、今年度支出した人件費等の経費は2,000万円であった。

（設例を簡単にするため、経費には消費税及び地方消費税がかかるようなものはないものとし、貯蔵品の購入もなかったものとします。）

このような設例において、税抜処理方式で損益計算書を作成すると、

以下のようになります。

営業収益	100万円
営業費用	2,000万円
当期損益	▲1,900万円

　一方、税込処理方式では、資本的支出にかかる消費税及び地方消費税が影響を及ぼし、この事例では資本的支出分についての消費税及び地方消費税の還付が受けられますから、損益計算書は以下のようになります。

営業収益	110万円
営業費用	2,000万円
消費税及び地方消費税還付金	9,990万円（＊）
当期損益	8,100万円

　（＊）消費税及び地方消費税還付金の説明については、ここでは省略しますが、設例においてその額は、次のとおりです。

　　9,990万円＝(10億円×10%)−営業収益分の消費税及び地方消費税10万円

　公営企業という立場から見た場合、どちらの処理方式を取った方がよいのでしょうか。両方式を比較検討すると以下のとおりです。

① 　公営企業の経営分析の観点から

　　前述のように、消費税及び地方消費税還付により利益が過大表示される場合があることを考えれば、税抜処理の方が財政状態及び経営成績を正しく表示する。

② 　料金改定のための原価計算の観点から

　　料金改定は、課税前の原価を算出し、これに課税されるべき消費税及び地方消費税額を加味して行うが、税抜原価の把握のためには税抜処理が適している。

③ 　料金の端数処理の観点から

　　消費税法施行規則附則第2条第3項では、消費税及び地方消費税

を算定する場合の端数処理について定めているが、この処理は税抜処理をしていなければ認められない。

④　公営企業の性格から

公営企業は、地域住民に対しサービス又は財貨を提供している公的主体であり、その活動は複雑で広く多方面にわたっている。このような公営企業の活動について、企業関係者が企業の実態を把握し的確な経営の方針を樹立するため、また住民に対して企業活動の状況を報告するためには、その損益状況、財政状態について正しく開示する必要がある。

以上のような点を考慮すると、法適用の公営企業においては、税抜処理方式を採用すべきでしょう。

一方、法非適用の公営企業では、どうでしょうか。

法非適用の公営企業は、一般会計と同じく官公庁会計での経理となっており、歳出を統制する観点から、決算においても予算との対比という点に重点が置かれます。予算は税込で作成されますので（総計予算主義（地方自治法第210条））、決算も税込みとなることから経理処理においても税込処理方式を採用します。

なお、法非適用の公営企業は、現金の収入及び支出に基づいて経理記帳される現金主義会計をとっており、（減価償却費が計上されていないなど）必ずしも経営成績が明らかでない問題点があります。経理内容の明確化、透明性の向上等のため、法の適用を進める必要があります。

3　消費税及び地方消費税の予算・決算上の取扱い

(1)　予算上の取扱い

　法適用の公営企業、法非適用の公営企業いずれにおいても、予算は税込みで作成されます。これは、

① 税込みの方が総計予算主義（地方自治法第210条）に適合すること

② 条例に基づき徴収している「料金収入」は消費税及び地方消費税額を含めた総額を指していると考えられること

③ 税抜きで予算を組むと、110円のものを100円の予算で買うこととなり、予算執行できないこと

といった理由からです。

(2)　決算上の取扱い

　官公庁会計における決算と公営企業会計における決算の考え方を比較すると、**図1−8**のようになります。

　したがって、決算における消費税及び地方消費税の取扱いもこの考え方を反映して以下のとおりです。

①　法適用の公営企業

　まず、決算報告書は予算との対比（執行状況）が重要となりますから、予算が税込みで作成される関係上、税込みで表示します。ただし、この場合も備考欄に消費税及び地方消費税分を内書きする等によって、損益

▶図1-8　官公庁会計と公営企業会計の決算

計算書、貸借対照表との整合性を図る必要があります。

　次に、損益計算書、貸借対照表は前述したとおり消費税及び地方消費税抜きで作成し、その年度の経営がいかに効率的であったか、また、経営の結果その年度末の資産、負債及び資本の状況がどうなったかを表示する必要があります。

　法適用の公営企業における決算書類と消費税及び地方消費税の関係は表1-2のとおりです。

② 　法非適用の公営企業

　法非適用の公営企業では、現金主義を採用し予算との対比が重要となりますから、消費税及び地方消費税込みで作成します。

▶表1－2

項目	消費税及び 地方消費税込	消費税及び 地方消費税抜
決算報告書（備考欄に消費税相当額を内書）	○	
損益計算書		○
剰余金計算書又は欠損金計算書		○
剰余金処分計算書又は欠損金処理計算書		○
貸借対照表		○
キャッシュ・フロー計算書	―	―
収益費用明細書		○
固定資産明細書		○
企業債明細書	―	―
事業報告書		
・総括事項	工事○	損益○
・工事の概況	○	
・事業収入に関する事項		○
・収益的収入の年度別構成比		○
・事業費に関する事項		○
・収益的支出の年度別構成比		○
・重要契約の要旨	○	
・企業債及び一時借入金の概況	―	―

（注）事業報告書の中で税抜処理するものについては、税込みの場合の数値についても把握できるようにしておいた方がよいでしょう。

4　消費税額の計算

（1）課税対象

　消費税が課税される取引は、次のすべての要件を満たす取引となります（**表1－3**）。

▶表1-3　課税対象

				売上げ	仕入れ
対価性（反対給付）を有する取引	事業として行う取引	国内取引	免税事業者以外の課税取引	課税	課税
			免税事業者の課税取引	−	課税
			非課税取引	非課税	非課税
		国内取引以外の取引		不課税	不課税
	事業として行わない取引			不課税	課税
対価性を有さない取引				不課税	不課税

▶図1-9　非課税取引

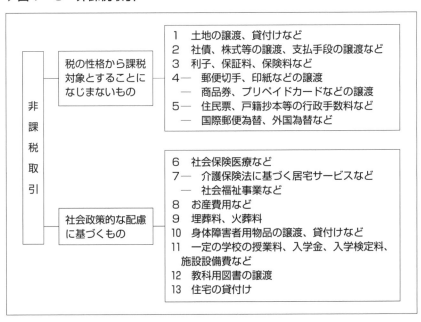

非課税取引

税の性格から課税対象とすることになじまないもの
1　土地の譲渡、貸付けなど
2　社債、株式等の譲渡、支払手段の譲渡など
3　利子、保証料、保険料など
4—　郵便切手、印紙などの譲渡
　—　商品券、プリペイドカードなどの譲渡
5—　住民票、戸籍抄本等の行政手数料など
　—　国際郵便為替、外国為替など

社会政策的な配慮に基づくもの
6　社会保険医療など
7—　介護保険法に基づく居宅サービスなど
　—　社会福祉事業など
8　お産費用など
9　埋葬料、火葬料
10　身体障害者用物品の譲渡、貸付けなど
11　一定の学校の授業料、入学金、入学検定料、施設設備費など
12　教科用図書の譲渡
13　住宅の貸付け

　このうち、医療については、多額の国庫負担、公的な保険制度の導入などによって確立されている公的な医療保障制度にかかるものが非課税とされています。
　したがって、病院収入のほとんどが非課税となります。

① 国内において行うもの（国内取引）

② 事業者が事業として行うものであること

③ 対価を得て行うものであること

④ 資産の譲渡、資産の貸付け、役務の提供であること

　また、上記の要件を満たす取引でも課税対象になじまないものや社会政策的な配慮から課税することが適当でない取引については、消費税を課税しない「非課税取引」としています。

（2）控除税額の計算

　消費税の納付税額は、課税期間における課税売上げにかかる消費税額から、課税仕入れ等にかかる消費税額（以下「仕入控除税額」といいます。）を控除した金額を納付します。前述した簡易課税制度を適用する場合以外を紹介します。

　消費税の納付額

　　＝ 課税売上げにかかる消費税額 － 課税仕入れ等にかかる消費税額

　課税売上げにかかる消費税額から控除する仕入控除税額の計算方法は、その課税期間中の「課税売上割合」によって異なります。

　課税期間中の課税売上高が5億円以下、かつ、課税売上割合が95％以上の場合は、課税仕入れ等にかかる消費税額を全額控除します。また、課税期間中の課税売上高が5億円超又は課税売上割合が95％未満の場合には次の②③の方法により仕入控除税額の金額を算定します。

① 課税売上割合

　課税売上割合は、次の算式により計算します。

$$課税売上割合 \ = \ \frac{課税期間の課税売上高（税抜き）}{課税期間の総売上高（税抜き）}$$

② 個別対応方式

　課税期間中の課税仕入れ等にかかる消費税額のすべてを

ⓐ　課税売上げにのみ対応するもの

ⓑ　非課税売上げにのみ対応するもの

ⓒ　ⓐとⓑの両方に共通するもの

に区分し、次の算式により計算した仕入控除税額を課税期間中の課税売
上げにかかる消費税額から控除します。

　　仕入控除税額 ＝ ⓐの消費税 ＋ ⓒの消費税額 × 課税売上割合

③ 一括比例配分方式

　課税期間中の課税仕入れにかかる消費税額総額に課税売上割合を乗じ
た金額を仕入控除税額とする方法です。

（3）公営企業の特例

　公営企業では、補助金、寄附金等の対価性のない収入を財源の一部と
して運営されている実態があります。このような対価性のない収入に
よってまかなわれる課税仕入れ等は、課税売上げのコストを構成しない、
いわば最終消費者的な性格をもつものと考えられます。

　また、消費税法における仕入税額控除制度は、税の累積を排除するた
めのものです。このため対価性のない収入を原資とする課税仕入れ等に
かかる税額を、課税売上げにかかる消費税の額から控除することには、

合理性がありません。

　そこで、公営企業では、通常の方法により計算される仕入税額を調整し、補助金等の対価性のない収入によりまかなわれる課税仕入れ等にかかる税額について、仕入控除税額の対象から除外します（**図1−10**）。

▶図1−10　特定収入とは

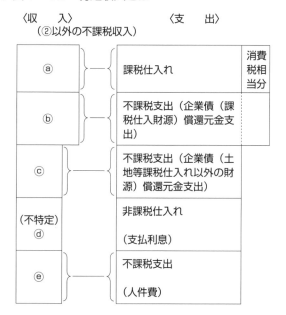

資産の譲渡等の対価以外の収入（不課税収入）（対価性を有さない取引）

1　特定収入　ⓐ、ⓑ、ⓓ（2の②以外の不課税収入のうちその使途が特定されないもの）

2　その他不課税収入
① 　ⓒ、ⓔ（消費税法施行令第75条第1項第6号）（②以外の不課税収入のうちその使途が非課税仕入れ不課税支出に特定されるもの）
② 　企業債等借入金収入、出資金、預金、貯金及び預り金、貸付回収金、返還金及び還付金（消費税法施行令第75条第1項第1号〜第5号）

① **特例計算の対象となる事業者**

　次の@ⓑに該当する場合には、仕入税額控除の調整を行う必要はありません。

　　@　簡易課税制度を適用している事業者

　　ⓑ　特定収入割合が5％以下である場合

　特定収入割合とは、収入総額に占める特定収入の割合をいいます。

② **特例計算の方法**

　特定収入にかかる課税仕入等の税額は、仕入税額控除の対象とはなりません。また、実際の納税計算に当たって、控除できなかった仮払消費税及び地方消費税は機械、備品、修繕費等にそれぞれ振り戻します。ただし、経理処理上の煩雑さを回避するため、以下の処理も差し支えありません。

　　@　特定収入をもってまかなわれた収益的支出にかかる控除できなかった仕入れ税額

　　　「雑支出」として費用化します。

　　ⓑ　特定収入をもってまかなわれた資本的支出にかかる控除できなかった仕入れ税額

　　　特定収入と相殺（圧縮記帳）します。

第 2 章

資　産

企業会計は経営が継続していることを前提として、1事業年度という定められた単位期間における期間損益の算定を基本的目的としています。しかしながら、この期間計算においては収入のすべてがその期間の収益とはならないし、また支出もすべてがその期間の費用となるわけではありません。このように、支出された額の一部は費用化されずにいろいろな経済価値として次年度以降に残されます。これらを資産と呼んでいます。

資産の分類

　資産は、貨幣を含め、将来収益を得るのに役立つものであり、固定資産、流動資産及び繰延資産に分類されます。

　固定資産と流動資産の区分は、通常企業の支払能力、すなわち資産の流動性の大小を基準に、1年という期間を設定して、その期間内に現金化できる資産を流動資産、そうでない資産を固定資産に区分することとされています（一般的にワン・イヤー・ルールといわれています。）。

　以下、それぞれの内容について説明していくこととします。

▶図2−1　資産の分類

資産	固定資産	有形固定資産	建物、建物及び附属設備、機械装置、船舶、車両運搬具、工具、器具備品、土地、建設仮勘定、リース資産
		無形固定資産	水利権、特許権、営業権、借地権（地上権）、ソフトウェア、リース資産等、専用側線利用権、電気ガス供給施設利用権等
		投資その他の資産	投資有価証券、出資金、長期貸付金、基金、長期前払消費税
	流動資産	当座資産	現金及び預金、売買目的有価証券、受取手形、未収金等
		たな卸資産	貯蔵品、製品、原材料等
		その他の流動資産	前払費用（貸借対照表日の翌日から起算して1年以内に費用化されるものに限る。）、前払金、未収収益等
	繰延資産		鉄道事業にかかる災害損失（繰延経理するものとされた災害損失に限る。）

固定資産

　固定資産は、具体的な物である「有形固定資産」、法律上の権利等を示す「無形固定資産」及び主として利殖を目的とする「投資その他の資産」に分類されます。

1　有形固定資産

(1)　取得の形態等

　有形固定資産は、土地、建物、機械装置等いわゆる固定的な有体物（このうちには建設中の資産でその建設にかかる一切の費用を整理する建設仮勘定という一種の経過的な勘定も含まれます。）で、取得の形態としてはその大部分を占める購入、製作のほかに交換、受贈等があります。これらは、取得の形態が異なることによってその取得価額の計算方法が異なります。以下に、その内容を示します。

①　購入及び製作

　取得価額は、当該購入及び製作に直接要した価額及び附帯費ということになります。自己による建築、製作、製造等による場合は、当該建設、製作、製造等のために要した原材料費、労務費及び経費の額を取得価額

とします。

② 交 換

　自己所有の資産を譲渡し、その代償として固定資産を取得することが交換です。交換による経理処理については、公営企業の場合、原則として交換直前の当該資産の帳簿価額に交換差金を加減したものを交換によって取得する資産の価額としています。

③ 受贈（無償譲受）

　水道事業において配水管のうち法人の所有に属しているものを以後の維持、管理等のため無償で譲り受ける例などがあるようです。譲受けの資産の取得価額が明らかである場合や明らかでなくとも資料等により容易に推定できるときはこれらに基づき取得価額とすればよいのです。それ以外の場合は公正な評価額をもって取得原価によることとしています。この場合、見積価額は次の算式（復成原価法）により評価するのが適当とされています。

$$\text{再調達見込価額} \quad - \quad \frac{\text{再調達見込価額} - \text{再調達見込価額の残存価額}}{\text{耐用年数}} \quad \times \quad \text{経過年数}$$

④ 割賦購入

　契約と同時に所有権の移転が行われるときは、問題はありません。しかし、割賦金の完済時に所有権の移転をする契約の場合には、契約と同時に当該資産が引き渡され、事業の用に供されることにより、減価償却並びに維持管理を必要とします。会計事実と法律的手続とは異なりますが、会計処理上は資産として計上することが必要となります。

(2) 資本的支出と収益的支出の区分

　公営企業の会計原則として「資本取引」と「損益取引」の区分の原則
があります。企業が支出を行った場合に経営活動に及ぼす効果が1事業
年度だけのものを「収益的支出」、支出の効果が長期間にわたるものを「資
本的支出」と明確に区分することが必要です。収益的支出はその年度の
費用とし、資本的支出は主として資産の取得として取り扱うこととして
います。しかし、実務的にはその区分が必ずしも明らかでない場合があ
ることから、次のとおり区分しています。

① 修　繕

　固定資産の利用性及び耐用年数を延長させるものではなく、単にその
能力、耐用年数を維持するための支出は、その効果が支出のあった事業
年度のみに限られてしまいます。よって、当該修繕費は維持費（収益的
支出）として、費用で処理すべきです。しかし実務上、その区別が困難
であることから収益的支出の区分基準（修繕費支弁基準）を内部で策定
して事務処理を行うのが適当です。

② 取　替

　設備のうち破損した部分の一単位を除去して新しいものと交換するこ
とを取替といいます。取替もこまかく考えれば修繕と異なるところはな
いわけですが、たとえば歯車全部を新規のものと交換する場合は取替、
歯車が破損したときこれを継ぎ合わせて復旧する場合は修繕となりま
す。

③　改　良

　改良は、修繕と違い固定資産の能率を積極的に高めるもの、あるいは当該資産の耐用年数を延長させるもので、資本的支出として取り扱うことになります。

④　増　設

　増設は、その部分における資産を新たに獲得することであり、資本的支出として処理されます。

⑤　移　転

　建物や建築物の移転は、設備全体からみて明らかに改良である場合と、そうでなく能率の増加に全然無関係なやむを得ない移転である場合があります。その移転が能率の向上を目的とするか、やむを得ない事情によるか、改良を含むか、用途の変更があるか等の事情によって資産として処理するか、通常の維持費と同様に経費として処理するのか判断します。

(3)　建設中の利子と固定資産の原価

　次に「建設中の利子（建設利息ともいいます。）」の取扱いです。

　公営企業は、その設備の建設に多額な資金と比較的長期間を要する関係上、その間の「建設中の利子」をどのように取り扱うのかという問題が、実務上しばしば発生します。通常は、支払利息を当該建設の原価に加算して計上する方法がとられています。

　開業後の新設又は増設の場合には営業資金と混合するおそれがありますので、建設原価に算入するには、

　①　借入金の使途が、特定の建設工事に充てられていることが明らか

であること

②　借入金が一般営業資金とは完全に分離して経理されていることが必要です。

なお、建設工事が長期にわたって施工されるため、完全な落成をみないうちに一部稼働し、営業を開始する場合には、稼働資金に対する借入金部分の利子は、収益費用対応の原則から費用として損益計算に計上します。

2　無形固定資産

無形固定資産とは、営業活動の基礎となるような財産的価値のある法律上又は事実上の権利をいいます。

具体的には、水利権、借地権、地上権、特許権、施設利用権、ダム使用権、電話加入権等がこれに含まれます。ただし、これらは有償で取得されたものに限って資産計上されます。

3　投資その他の資産

一般的に、投資その他の資産は、利殖、他事業の支配及び他事業との緊密な取引関係の維持などを目的として、他事業に対して資金を投下することをいいます。したがって、投資は、その性質上、随時現金化されうることを前提とした短期投資と、資金が固定化する長期投資とに分類されます。短期投資は流動資産として貸借対照表に計上され、長期投資は通常「投資その他の資産」と呼ばれて固定資産の一部として計上され

るものです。

公営企業における投資は、おおむね次のとおりです。

①　投資有価証券

金融商品取引法第2条に規定する有価証券並びにこれにかかる払込金額収書及び申込金額収書中で投資の目的をもって所有するもののことです。

②　長期貸付金

貸付金で返済日が貸借対照表日の翌日から起算して1年以上のものをいい、一般貸付金、他会計貸付金、職員貸付金等を指します。

③　基　金

基金設置条例に基づき、積立金等に対応して特定預金等資金の状態で保有する資産をいいます。

④　長期前払消費税

「控除対象外消費税」（仕入税額控除ができない仮払消費税）は、繰延経理を行う長期前払消費税勘定に整理されます。

⑤　その他の投資

上記以外の投資は、一括「その他の投資」として処理することができます。しかし、その金額が資産総額の100分の1を超えるものについては、当該資産を示す名称を附した科目を別に設けて処理することが適当です。

● 4 減価償却

　これまで、固定資産のそれぞれの内容等について述べてきました。固定資産については使用や時の経過等によりその価値が減耗することとなり正しく損益計算するためには当該減耗額について毎年度費用化する必要性が生じることから、ここでは減価償却の方法等について述べることとします。

(1) 意　義

　減価償却の目的は、固定資産の経済価値の減耗を事業年度の費用として決定する方法として、当該資産の耐用年数を推定し、その期間に取得原価を割り振ることによって期間損益計算のための費用を算定することです。したがって、減価償却は上述の目的に従って必ず行われなければならないのであって、利益の少ないときや欠損の生じたときに償却を見合わせたり、利益の大きいときに多額の償却を行うことはできません（則第14条）。

　なお、毎年度費用化するためには各年度に費用発生原因としての減価償却事実が必要となります。経常的減価の考えられない土地、立木、建設仮勘定は減価償却を行う資産から除かれています。

(2) 減価償却の原因

　減価の起こる理由を分類すれば、**表2−1**のとおりです。

▶表2－1　減価の起こる理由

正常償却原因	消耗又は物質上の原因 （物理的減価）	使用による消耗、 時の経過による老朽
	経済的又は職能的原因 （機能的減価）	不十分、不適当、陳腐化
非常償却原因	災害その他の偶発的原因	

　このように、統計的資料、経験等によって明らかに予測できるかどうかによって区別されています。通常の場合は非常償却原因については考慮する必要はなく、これによる資産の廃棄又は価値の減少は償却計算とは別の取扱いとなります。

　物理的減価のうち主なものは、使用による消耗と時の経過による老朽とがあり、過去の経験によって物質の減耗をある程度正確に行いうる点に物理的減価の特徴があります。

　また、機能的減価は、ある固定資産が物理的に使用できても、生産技術の変更、経済活動の拡大、技術の進歩等によりこれを使用することが採算的に引き合わない事情をいい、これらの予測が行われる限り、物理的減価と同様、耐用年数の決定に見込まなければなりません。

（3）　減価償却の計算要素

　減価償却の計算を行い減価償却額を算定するには、次の三つの要素が必要となります。
　①　資産の原価又は未償却残高
　②　耐用年数
　③　残存価額

① 資産の原価又は未償却残高

これは減価償却計算の基準となるもので、一般的に取得原価又は出資した金額をもって帳簿価額とします（則第8条第1項）。

② 耐用年数

耐用年数は、有形固定資産については則別表第2号の、無形固定資産については則別表第3号に定める耐用年数に基づくこととしています。ただし、通常の材質又は製作方法と著しく異なるなど特別の理由があるときは管理者は当該有形固定資産の使用可能期間をもって耐用年数を定めることができます（則第15条第4項・第9条第4項）。

なお、則別表第2号及び別表第3号に定めのない資産については、則別表第2号若しくは別表第3号に規定する耐用年数に準じた耐用年数又は減価償却資産の耐用年数等に関する省令（昭和40年大蔵省令第15号）別表第1、別表第2若しくは別表第3に規定する耐用年数によることとされています（則別表第2号注3・別表第3号注）。

③ 残存価額

残存価額とは、公営企業の場合、有形固定資産については、一律に10%（則第15条第1項）、無形固定資産は零（則第16条第1項）となっています。なお、減価償却の限度額は、有形固定資産は100分の95、無形固定資産は100分の100となっています。

ただし、帳簿価額が帳簿原価の100分の5に達した鉄筋コンクリート造の建物及び構築物等で引き続き事業の用に供されている場合においては、当該有形固定資産について、帳簿減価の100分の5に達した事業年度の翌事業年度以降当該有形固定資産が使用不能によるものと認められる事業年度までの各事業年度において、当該帳簿価額が1円に達するま

で減価償却を行うことができます（則第15条第３項）。

（4）　減価償却の方法

　公営企業の会計における減価償却の方法は、次のとおりとなっています。

①　有形固定資産　→　定額法又は定率法
②　無形固定資産　→　定額法
③　取替資産　　　→　取替法

有形固定資産については、どの減価償却方法を適用するのか、それぞれの減価償却方法の特性と資産の実態とを勘案の上、決定すべきです。いずれの方法によっても、その方法を毎年継続して行わなければならないのであって、特別の理由のない限りみだりに変更してはなりません。

①　定額法

　定額法とは、帳簿原価から残存価額（有形固定資産は一律10％、無形固定資産は零）を控除した額に、則別表第４号に定める率を乗じて算出した額を減価償却費とするもので、その額は毎事業年度同額となるものです。

　したがって定額法は、当該資産の価値減耗が利用度に伴う機能低下よりも、時の経過に伴って平均的に減少する建物、構築物等に適合する償却方法です。

②　定率法

　定率法は、帳簿価額（帳簿原価—減価償却累計額）に一定率を乗じて減価償却費を算出する方法です。資産の使用当初の減価償却費が多額で、

定額法　　　　　　　　　　**定率法**

償却額＝帳簿価額 × 定率

償却率＝１−$\sqrt[\text{年数}]{\dfrac{\text{残存価額}}{\text{帳簿原価}}}$（定率）

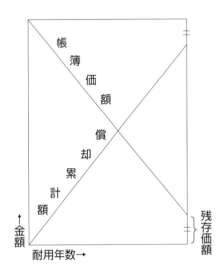

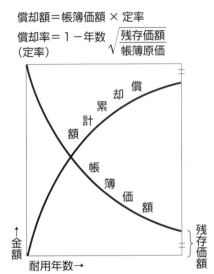

漸次減少することとなります。このことから、車両運搬具、機械器具のように、当該資産の価値減耗が主として機能的減少によるものの償却方法に適合しているといえます。

設 例　取得価額800万円（税抜き）、耐用年数18年の電車を、取得後12年目に150万円（税抜き）で改造した場合の減価償却方法は、次のようになります。

定額法の場合

・11年目までの各年度償却額

（8,000,000 − 800,000）× 0.055 = 396,000
（取得原価）　　　（同左の10%）（則別表第４号の償却率）

- 12年目から20年目までの各年度償却額

$$（8,000,000 ＋ 1,500,000 － 950,000）× 0.055 ＝ 470,250$$

（取得価額）（改良のために要した額）（左の二つを加えた額の10％）

- 21年目の年間償却額

$$9,500,000 － 475,000 － 4,356,000 － 4,232,250 ＝ 436,750$$

（新帳簿原価）（同左の5％）（11年目までの償却額）（12年目から20年目までの償却額）

このように、償却計算の上では約3年耐用年数が延長されることとなります。

定率法の場合

- 11年目末の未償却残高

$$8,000,000 － 6,039,353 ＝ 1,960,647$$

（取得原価）（11年目までの償却残高）

- 12年目の年間償却額

$$（1,960,647 ＋ 1,500,000）× 0.120 ＝ 415,278$$

（11年目末の未償却額）（改良のために要した額）（則別表第4号の償却率）

- 13年目の年間償却額

$$3,045,369 × 0.120 ＝ 365,442$$

- 28年目の年間償却額

$$9,500,000 － 475,000 － 8,577,410 ＝ 447,590$$

（27年目までの償却額）

③ 取替法

資産の取得処分及び修繕、除却にかかる経理の方法の一種であって、取替法自体は減価償却の方法ではありません。取替経理の結果が減価償却に準じて考えられるものであり、水道事業の需要者メーターのように

小単位の同種資産が同一目的のために使用される資産で、毎事業年度一定量が平均的に取り替えられるものについては、取替の都度の経理は行わず、使用数量全体の増減及び実際に要した修繕費のみを経理する方法です。

(5) 補助金等充当固定資産の減価償却方法の特例

公営企業においては圧縮記帳が認められていないため、補助金等に相当する額は減価償却を行わないこと（いわゆるみなし償却）がこれまで認められていました（旧則第8条第4項）。

しかし、上記みなし償却は、会計制度の見直しにより平成26年度に廃止（旧則第8条第4項の規定の廃止）され、固定資産取得のために充当した補助金等の金額に相当する金額も含めて減価償却の対象とします。補助金等の金額は、長期前受金として負債に計上し、減価償却見合い分を順次収益化します。

(6) 特別償却

減価償却費は、損益計算においては費用として計上されます。しかし、現金支出を伴わないために、減価償却費に相当する現金が企業内部に留保されることとなり、この内部留保が大きいほど、当該企業の財政力は弾力性を有することとなります。

公営企業においても、経営の健全性を確保するために必要がある場合には、直接営業の用に供する償却資産（有形、無形）の減価償却費について、通常の減価償却費の50％の範囲内において企業管理規程で定めた率を乗じて算出した金額を増額して減価償却できることとされており、

これを特別償却といいます（則第15条第２項・第16条第２項)。

(7)　個別償却と総合償却

　減価償却は、個別資産ごとに行うことが原則ですが、異種、異使用の資産を一括して減価償却を行う場合があり、これを総合償却といいます。総合償却の償却率は、一般的には、個別償却の償却率を資産のウェイトによって加重平均して算出する方法が用いられています。

　実務上は、個別償却における耐用年数としては則別表第２号の耐用年数を、総合償却における耐用年数としては則別表第２号の注１による耐用年数表を適用します。

(8)　減価償却の記帳方法

　減価償却の記帳方法には、直接法と間接法の２種類があります。

①　直接法

　直接法とは、毎年度費用計上された減価償却費を、当該資産の減少額として資産勘定の貸方に計上する方法で、固定資産の帳簿価額を毎期減少させることとなり、したがって貸借対照表の資産項目には減少後の額、すなわち帳簿価額のみが表示されます。

　公営企業の場合、無形固定資産の償却は、直接法によって行います。

直接償却

無形固定資産減価償却費		水利権	
(01) 50,000		買入　1,000,000	償却 (01) 50,000
(02) 50,000			(02) 50,000

② 間接法

　間接法とは、費用計上された減価償却費を、当該資産勘定に直接には記入せず、別に評価勘定である減価償却累計額を設けて記帳する方法です。したがって、貸借対照表においては、帳簿原価とともに減価償却累計額を表示し、帳簿価額はこれを控除する形で表示されるものであり、公営企業においては、有形固定資産はこの間接法とされています。

　なお、固定資産が使用に耐えなくなったため、これに代えて種類及び品質を同じくするこれに代わる新たな資産と取り替えた場合に、その新たな資産の取得価額をその取り替えた事業年度の費用として計上する方法を取替法といいます。

間接償却

有形固定資産減価償却費		建物		建物減価償却累計額	
(01) 35,100		買入　1,000,000		償却 (01) 35,100	
(02) 35,100				(02) 35,100	
(03) 35,100				(03) 35,100	

● 5　固定資産の除却、売却

　固定資産は、物理的減耗、事故、陳腐化等により使用不能又は不経済、不適当となると、その用途を廃止します。通常、用途廃止となった資産を現実に取り除くことを除却といいます。

　用途を中途で廃止した資産の処理方法を示すと、次のとおりです。

（1）　売却処分をする場合

　売却価額と帳簿価額との差額は固定資産売却損益勘定をもって処理します。

（2）　除却処分をする場合

　固定資産を更新又は取替等により除却し、その撤去物件を再使用又は売却のために保有するときは、受入価額を見積り除却損から控除します。

6　建設仮勘定

　長期にわたる資産の建設は、建設仮勘定をもって整理しなければなりません。建設仮勘定を設けないで、他の資産経理と一緒に行っていると、当該建設にかかる原価を常に適正に把握することが困難となり、工事完成により精算する段階になって帳簿からその精算金額を算出することができなくなります。建設仮勘定をもって整理するかしないかの区別は、会計規程等に明記しておくのが適当です。たとえば、工期が一事業年度を超えるものは建設仮勘定をもって整理すると定めるような例があります。建設仮勘定の設定は各建設の目的物ごとに科目を設けて処理し、また、その建設仮勘定の中には当該建設のため支払った前渡金、建設用機械及び工事用材料等を含めて整理すべきです。

　建設工事が完了した場合、建設仮勘定から固定資産本勘定に振り替えられることになります。その振替えは、通常は、当該資産が完成した日をもって本勘定に振り替えられます。

なお、建設工事が完全落成をみないうちに一部稼働を始める場合で、全部稼働までに相当の月日を要するようなときは、収益費用対応の原則から、その部分については施設の能力の割合等により概算で本勘定に振り替えて減価償却を行うことになります。

● 7　固定資産の管理・記録

　公営企業は、多額の固定資産を有しており、固定資産の会計事務が非常に重要な部分を占めています。通常、固定資産は固定資産台帳を備え特定の職員に管理を行わせる場合が多いです。

　固定資産管理の万全を期するためには、固定資産管理規程等を設けてその事務分担を明確にすることが重要です。

流動資産

　次に流動資産についてです。流動資産とは、現金及び比較的短期間の
うちに回収され、又は販売されることによって現金にかえることができ
る資産であり、たえず企業に流出入することからこの名称があり、現金、
預金、貯蔵品、製品、未収金、前払金（1年以内に費用となるもの）等
があります。

　流動資産はその性質上、これを①当座資産、②たな卸資産及び③その
他流動資産に分類します。

1　当座資産

　当座資産は、支払資産ともいわれ、販売過程を経ずにそのまま又は時
の経過に伴って貨幣化する資産であり、正常な状態のもとで流動負債の
支払に利用できるものであり、現金、預金（1年以内に契約期限の到来
するもの）、期限が貸借対照表日の翌日から起算して1年以内に到来す
る債権、一時所有を目的とする市場性のある有価証券などがこれに当た
ります。これらの特徴を示すと、次のとおりです。

(1) 現金、預金

　現金には、通貨のみならず、他人振り出しの小切手、郵便為替証書、振替預金振出証書なども含まれ、預金は、銀行その他へ預け入れられた現金をいうものであることから、その機能は同じであって会計上は両者の取扱いを区別する必要はありません。

(2) 未収金

　未収金とは、企業がその経営活動の過程において、外部に対して用役、財産等を提供したこと等によって生じる金銭の債権をいいます。公営企業においては、「地方公営企業の現金の収支を伴う収入及び支出のうち、債権又は債務の確定の際直ちに現金の収納又は支払をしないものについては、未収又は未払として計理しなければならない。」（令第13条）と規定されています。

　未収金はこれを、①営業未収金、②営業外未収金及び③その他未収金に区分して整理することとなっており、未収金として計上されるのは、財貨の販売の時点が基準とされており、一般には、財貨の提供（引渡し）があったときに、販売の主要部分が完了したものとして会計処理がなされます。

(3) 一時所有の有価証券

　流動資産に属する有価証券とは、一時的所有を目的とするものをいい、予備資金を一時的に利用する目的で所有されることから必要に応じて処分が可能であり現金化しうるものに限られています。

2　たな卸資産

　たな卸資産とは、企業が販売、又は製品若しくは役務の生産のために所有する有形の動産であって通常は販売用土地、商品、製品、半製品、仕掛品、原材料、消耗品等、比較的短時日に、しかも、一時的全部的に消費が行われる有形の動産であるということができます（則第1条第8号）。実地にたな卸して、現在高を確かめられる資産ということから、一般にたな卸資産といわれています。

　このたな卸資産は、

① 　通常の営業課程において販売するために保有する物品

② 　販売を目的とした物品

③ 　販売目的の財貨を生産するために短期間に消費される物品

④ 　販売活動又は一般管理活動において短期間に消費される物品

に分けられます。

　公営企業の営業活動は、一般的には商品の販売よりもサービスの提供を行う業務が多いことから、①②及び③に該当するたな卸資産は少なく、その大部分は④にいう資産が多く、貸借対照表上たな卸資産は、「（款）貯蔵品」という科目を設けて記載します。

(1)　たな卸資産の取得

　企業会計においては、資産の評価について原価主義をとるのが原則であり（原則貸借対照表原則五A）、たな卸資産についても、これを将来の収益に対応させるべき原価の繰延べ部分と考え、取得原価主義をとります（則第8条第1項）。

取得原価は購入又は製作若しくは生産に要した価額をいうものであり、これを取得の態様により説明すると、

① 購入によって取得した場合は、その購入代金をもって取得価額（一般の企業では、運賃、荷造費、運送保険料等の附帯費用を取得価額に含めるのが通例だが、公営企業においては、購入代金がこれらの費用を含んでいる場合には、取得価額に含めるが、購入代金と別に支払う場合には、費用として整理する。）とします。

② 製作によって取得した場合は、製作に要した一切の費用を取得価額とします。

③ 交換によって取得した場合は、原則として、その交換のために提供した資産の帳簿価額とします。ただし、不等価交換のため、金銭の授受を生じたときは、その額だけ帳簿価額を増減したものとします。

④ 寄贈等、無償で譲渡された場合は、公正な評価額（取得時の市場価額又は再調達価額により評価する。）とします（則第8条第2項）。

　なお、取得時期については、公営企業においては、上記①から④のいずれかの場合にも、原則として現品検収のときとするのが原則であり、一般私法上の基準である①所有権の移転又は取得のとき、②債権発生のとき、とは必ずしも一致するものではありません。

　なお、事業年度の末日におけるたな卸資産の時価がそのときの帳簿価額よりも低いもの（重要性の乏しいものを除く。）については、その時価とする低価法が義務づけられています（則第8条第3項第3号）。

(2)　たな卸資産のたな卸と評価

　たな卸資産の受払いは、公営企業では次のとおり継続記録法により受払いの都度整理しなければなりません。すなわち

$$繰越数量 ＋ 受入数量 － 払出数量 ＝ 残高数量$$

という記録によって、たな卸資産の残高を出していくこととなります。
しかし、この残高数量は、必ずしも実際の在庫数量とは一致しないこと
がありますので、年1回以上は実地たな卸を行い、継続記録法によって
出された数量を修正する必要があります。

　なお、実際のたな卸によって、在庫数が不足した場合は資産減耗費と
して営業費用にその不足額を計上します。

　たな卸資産の評価は、

①　年度中の払出し価額の決定

②　たな卸価額の決定

の2種に分けられます。

　年度中の払出し価額の決定に当たっては、たな卸資産のたな卸計算に
継続記録法を用い、数量計算と価額計算をあわせて行う場合に問題が生
じます。すなわち、たな卸資産の受入れ価額が年度を通じて同一であれ
ば、その払い出しに際して付される価額（払出し価額）及びたな卸価額
を決定することはたやすいわけですが、実際には、受入れのつどその価
額が異なっていることが多いため処理が複雑になります。

　公営企業では、たな卸資産の評価の方法として、

①　個別法

②　先入先出法

③　移動平均法

のうちいずれか一の方法をとることとしており、以下にそれぞれの方法
について示します。

① 個別法（図2−2）

　たな卸資産の受払いについて種類ごとに個々の単価別に整理する方法です（則第1条第10号）。購入単価の異なるものを実体的に区別し、払い出す際にその購入単価をもって払出し単価とするものです。この方法は、実費計算の方法からすれば合理的ですが、非常に手数がかかるので、たな卸資産の種類が少なく、受払いが比較的はげしくない企業以外にはあまり利用されません。

② 先入先出法（図2−3）

　購入単価の異なるたな卸資産を払い出す場合、購入時期の古いたな卸資産の順に当該たな卸資産にかかる単価により払い出し、比較的新しいたな卸資産にかかる単価のものを残す方法です（則第1条第11号）。この方法は、たな卸資産が購入された順序に従って払い出されると仮定するものです。この方法によるときは、たな卸資産の残高は最も新しい購入単価の分で構成されることになり、また、計算が簡単であることから最もすぐれた計算方法として、一般に用いられる方法です。公営企業、とくに中小規模のものにあっては、この方法が最も適しています。

③ 移動平均法（図2−4）

　たな卸資産を異なる単価で購入した場合、これらを区別することなく、数量及び価額を前の残高に加え、平均して新単価を算出し、これをその後の払出し単価とし、以下同様の方法を継続して整理する方法です（則第1条第12号）。

　この方法は、個別法や先入先出法と異なり、平均した単価を算出する点に特徴があります。これは手元保有高は、同一時期に購入されたものと考えるのであって、払出し単価の計算はやや複雑ですが、単一の単価

▶図2－2 個別法

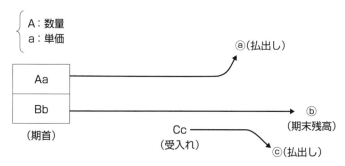

▶図2－3 先入先出法

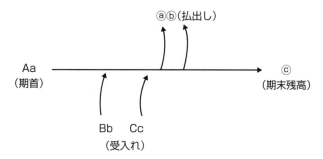

▶図2－4 移動平均法

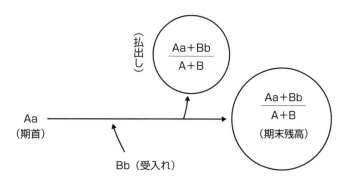

で払い出されることから、払出しのときには、事務は簡単になり、先入先出法とならんで一般に用いられる方法です。しかし、平均するとき、単価に端数を生じることがあり、四捨五入による計算結果上の誤差が生じることが欠点です。

3　その他流動資産

　その他流動資産とは、当座資産、たな卸資産以外の流動資産をいい、公営企業においては、その例が乏しいのですが、保管有価証券、前払費用などがこれに属します。

(1)　保管有価証券（預り有価証券）

　地方公共団体は、物品の購入又は工事の請負を入札に付す場合や物品売却の場合等において、入札保証金又は契約保証金の代用又は担保として有価証券を受け入れることがあります。この場合には、自己所有にかかる有価証券勘定と区別するためそれらの額面額をもって保証有価証券勘定に計上します。

(2)　前払費用及び前払金

　前払費用は、特定の契約に従い継続的に役務の提供を受ける場合、未提供の役務に対して支払われた対価であり、一般には未経過保険料、未経過支払利息、前払賃借料などがあります。前払金は、物品の購入、工事の請負等に際して前払いされた金額をいいます。

第4節

・・・

繰延資産

‖‖‖

● 繰延資産とは

　繰延資産とは、ある年度において費用として支払った金額も、その効果が次期以降に継続する場合には、その残存している効果を見積って、その部分を資産として繰り延べることができる（旧令第26条第1項・第2項）会計処理です。これまで繰延勘定として整理されてきたものについて、平成23年度の会計基準の見直しにより繰延勘定が廃止されることに伴い新設されたものです。

　ただし、繰延資産として計上が認められるものは、鉄道事業にかかる災害（鉄道事業法で国土交通大臣の許可を受けた場合に限ります。）による損失のみです。これまで繰延勘定として整理されてきた災害損失（鉄道事業にかかるものを除きます。）、企業債発行差金、開発費、試験研究費、退職給与金、控除対象外消費税額については繰延資産への計上はできません。

　なお平成26年度より以前に繰延勘定として整理されている費用については、経過措置としてその償却を終えるまでは引き続き繰延勘定へ計上することができます。

リース取引にかかる会計処理

● 1 リース取引にかかる会計処理

　リース取引とは、特定の物件の所有者である貸手が、当該物件の借手に対し、合意された期間（以下「リース期間」といいます。）にわたり、これを使用収益する権利を与え、借手は、合意された使用料（以下「リース料」といいます。）を貸手に支払う取引をいいます。

　この取引は、法形式的にはあくまでも賃貸借契約であることから、通常、当該事業年度の費用として処理していました。

設例1　リース料総額1,000万円の医療機器について、３月31日にリース取引を開始した。（リース期間10年間、リース料100万円／年）

経理の手順

支払伝票 ─────→ ・支出予算執行計画整理簿

　　　　　　　　　・現金預金出納簿

　　　　　　　　　・内訳簿

仕訳

①契約時

　なし

②支払時

賃借料	100	現金預金	100

予算経理

①契約時

　なし

②支払時

　（款）病院事業費用　（項）医業費用　（目）経費　（節）賃借料　100

　しかし、リース取引の中には、賃借人がリース会社に資金調達を肩代わりしてもらい、その資金で物件を自ら購入しているのと同視できるような場合があります。そのような場合の取引は、賃貸借ではなく、むしろ「売買＋資金調達」とみるべきであることから、通常の売買取引にかかる方法に準じた会計処理により、リース物件とこれにかかる債務をリース資産及びリース債務として計上します。

設例2　リース料総額1,000万円の医療機器について、3月31日にリース取引を開始（ただし、ファイナンス・リース契約）した（リース期間10年間、リース料100万円／年、リース資産計上額800万円、利息相当額200万円）。

経理の手順

振替伝票 ──────▷〔・内訳簿
　　　　　　　　　・リース資産台帳

仕訳

取引開始時

リース資産	800	短期リース債務	60
		長期リース債務	740

取引開始時　なし

2　リース取引の分類

リース取引は、以下の取引に分類されます（図2−5）。

(1) 所有権移転／所有権移転外ファイナンス・リース取引の区別

ファイナンス・リース取引とは、

① リース契約に基づくリース期間の中途において解除することができない

② リース物件の借主が経済的利益を享受することができ、その費用を負担する

リース契約による取引をいいます。

ファイナンス・リース取引のうち、リース契約上の諸条件に照らしてリース物件の所有権が借手に移転すると認められるものを「所有権移転ファイナンス・リース取引」、それ以外の取引を「所有権移転外ファイナンス・リース取引」といいます。

▶図2−5　リース取引の分類

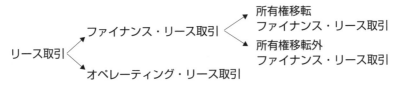

　次の①～③のいずれかに該当する場合は、所有権移転ファイナンス・リース取引に該当します。

①　所有権移転事項

　　リース契約上、リース期間終了後又はリース期間の中途で、リース物件の所有権が借手に移転することとされている取引

②　割安購入選択権

　　リース契約上、借手に対して、リース期間終了後又はリース期間の中途で、名目的価額又はその行使時点のリース物件の価額に比して著しく有利な価額で買い取る権利が与えられており、その行使が確実に予想されるリース取引

③　特別仕様物件

　　リース物件が、借手の用途に合わせて特別の仕様により製作又は建設されたものであって、当該リース物件の返還後、貸手が第三者に再びリース又は売却することが困難であるため、その使用可能期間を通じて借手によってのみ使用されることが明らかなリース取引

　個々のリース資産に重要性が乏しい場合は、通常の賃貸借取引にかかる方法の会計処理を行います。

(2) オペレーティング・リース取引

　リース取引のうち、ファイナンス・リース取引以外のリース取引を、オペレーティング・リース取引といいます。

　オペレーティング・リース取引は、通常の賃貸借取引にかかる方法の会計処理を行います。

3 中小規模の公営企業の特例

　中小規模の公営企業は、所有権移転外ファイナンス・リース取引について、通常の賃貸借取引にかかる方法に準じて会計処理を行うことができます。なお、この場合でも、未経過リース料は注記する必要があります。また、所有権移転ファイナンス・リース取引については、この特例が認められていません。

　中小規模の公営企業の基準は、法第2条第1項各号に掲げる事業（法定事業）であって、令第8条の2で定める管理者を置かなければならない事業以外の事業です（**表2-2**）。なお、病院事業については、このような中小規模の特例はありません。

▶表2-2　管理者を置かなければならない事業

事業名	常時雇用職員数	事業規模
水道事業 （簡易水道事業を除く。）	200人以上	給水戸数5万戸以上（水道用水供給事業の場合、給水能力が20万m³／日以上）
工業用水道事業	100人以上	給水能力50万m³／日以上
軌道事業、自動車運送事業又は鉄道事業	200人以上	事業の用に供する車両数150両以上
電気事業	100人以上	発電所の最大電力の合計が5万kW以上
ガス事業	100人以上	供給戸数が2万戸以上

減損会計

● 1 減損会計の意義

　「減損」とは、資産の収益性の低下により投資額の回収が見込めなくなった状態など、固定資産の将来の経済的便益が著しく減少した状態をいいます。

　そして、減損処理とは、そのような場合に、一定の条件の下で回収可能性を反映させるように帳簿価額を減額する会計処理のことです。

　固定資産の帳簿価額が実際の収益性や将来の経済的便益に比べ過大となっている場合には、減損損失の処理によって、過大な帳簿価額を回収可能額まで減額することができます。

　減損損失により、その減額した額を特別損失として当該年度に費用化することにより、次年度以降の減価償却費が減額されることになります。そのため、経営成績に問題のある公営企業にとっては、損益計算書においては経営が改善したように見えますが、公営企業の場合は、病院事業を除き、使用料金を設定することや資金の回収が長期にわたること等から次に示す手順を踏まえて慎重に判断しなければなりません。

　減損会計では具体的には次のことを行うこととなります。

● 固定資産のグループ化

● 減損の兆候があるかどうかの判断

- 減損損失の認識の判定
- 減損損失の測定、帳簿価額の減額（減損処理）

2 減損会計の手順

(1) 固定資産のグループ化

　固定資産は、単独でキャッシュ・フローを生み出す場合もありますが、複数の固定資産が一体となってキャッシュ・フローを生み出す場合も多くあります。後者の場合に、そのような固定資産の集まりのうち最小のものを「固定資産グループ」と呼びます。

　減損会計の対象を、単独の固定資産とするか、固定資産グループとするかをまず判断しなければなりません。

(2) 減損の兆候があるかどうかの判断

　固定資産又は固定資産グループ（以下「固定資産等」といいます。）について、減損が生じている可能性を示す事象である「減損の兆候」があるかどうかを判断します。

　減損の兆候の例として挙げられているのは次の事象です。

① 　固定資産等が使用されている業務活動から生ずる損益又はキャッシュ・フローが、継続してマイナス、あるいは、継続してマイナスとなる見込みであること。

② 　固定資産等が使用されている範囲又は方法について、その固定資産等の回収可能価額を著しく低下させる変化が生じたか、あるいは

生ずる見込みであること。

③　固定資産等が使用されている事業に関連して、経営環境が著しく悪化、あるいは、悪化する見込みであること。

④　固定資産等の市場価格が著しく下落（50％程度以上）したこと。

なお、公営企業の場合は、一般会計からの繰入金や長期前受金戻入も収益として算入できます。

（3）　減損損失を認識するかどうかの判定

減損の兆候がある場合には、減損損失を認識するかどうかの判定を行います。この判定は、固定資産等から得られる割引前将来キャッシュ・フローの総額と帳簿価額を比較することによって行い、割引前将来キャッシュ・フローの総額が帳簿価額を下回る場合には減損損失として認識します。

公営企業は、経済的使用年数が著しく長期にわたる償却資産を用いたサービスを提供しており、多額の資本費を回収するための事業期間も長期にわたることから、割引前将来キャッシュ・フローの見積期間は20年超でも（民間企業は20年以内）可能です。

3　減損損失の測定

減損損失を認識すべきであると判定された固定資産等は、帳簿価額を回収可能額まで減額します。

回収可能額は、正味売却価額と使用価値のいずれか高い方の金額をいいます。正味売却価額は、固定資産等の時価から処分費用見込額を控

除して算定されます。時価とは公正な評価額をいい、通常、観察可能な市場価格をいいます。使用価値は固定資産等の継続的使用と使用後の処分によって生ずると見込まれる将来キャッシュ・フローの現在価値を算定します。

● 4　減損損失の会計処理

（1）帳簿価額の減額

　減損損失を認識すべきであると判定された固定資産等については、帳簿価額を回収可能価額まで減額し、その減額した額を減損損失として当該事業年度の特別損失とします。

　減損損失の戻入れは行わず、また、減損処理を行った資産については、減損損失を控除した帳簿価額に基づき減価償却を行います。

（2）長期前受金の償却

　長期前受金を計上している固定資産等の減損処理を行ったときは、その固定資産等にかかる長期前受金のうち、減損損失に対応する額を償却して、その償却した額に相当する額を特別利益に計上します。

第 3 章

負　債

第1節

・・

負債の意義

　「資産」については、前に述べたように、簡単にいえば企業が経営活動をしていく上で役に立つものをどのような形でもっているかを示すものです。たとえば、すぐ頭に浮かぶものとしては、現金、車、建物、備品などです。

　これに対し、「資本（もとで）」及び「負債」は、「資産」をどのような調達方法によって手に入れたかを示すものです。たとえば、ある施設（建物）を造るのに企業設立当初からもっていた金銭等でまかなえば、それは「資本（もとで）」によって「資産」を取得したことになりますし、借金で施設を造れば、「負債」によって「資産」を取得したことになります。

　このように、ある施設を造るのに、その資金を企業設立当初からもっていた金銭等すなわち「資本（もとで）」でまかなう場合でも、借金すなわち「負債」でまかなう場合でも、その施設自体は等しくサービスを提供し、企業が経営活動をしていく上で役に立つものですから、その果たすべき役割の点からみると「資本（もとで）」も「負債」も企業の経営上同じく資金の調達源泉としての機能を果たし、一般的に単にこれが企業自身の「もとで」であるか企業外部への返済を要する「もとで」であるかの違いしかありません。

　したがって、これを「自己資本」「他人資本」といいかえることもできるでしょう。

いずれにしても、「資本」は企業が返済する必要のない本当の「もとで」ですが、「負債」は、いずれは外部に対して金銭を支払わなければならない「もとで」である点に相違があります。

「負債」は「資本（もとで）」とともに、企業の財政状況を示す表である貸借対照表に、「資産」と反対側、すなわち、貸方に表示されます。この関係を図示すると**図3-1**になります。

▶図3-1 資本と負債の関係

（借 方）（貸 方）

経営資本の現在形態　経営資本の源泉

この図をみれば分かるように、「資産」から後日企業外部に支払うべき額「負債（借金）」を差し引いた企業自身に帰属する財産の額を示すものが「資本（もとで）」であり、その意味で「企業の正味財産額」「純財産」ということができます。これを等式であらわすと、

資産 － 負債 ＝ 資本

となります。

この「企業の正味財産額」と企業設立当初に入れられた「資本（もとで）」との増減をみることにより、どれくらい儲かったか、損をしたかを知ることができます。

第2節

負債の種類及び区分

　負債は、一般的に後日他人に対して支払うべき金銭債務のことをいいます。この「後日他人に対して支払うべき期日までの期間」の長短によって、流動負債と固定負債に区分されます。

　「流動負債」とは1年以内に支払期限が到来する短期の負債をいい、「固定負債」とは支払期限が1年以内に到来しないものをいいます。流動負債と固定負債を分けるのに1年という期間を基準としたのは、流動資産と固定資産を区分する場合と同様いわゆるワン・イヤー・ルールの原則

負債の分類

```
                ┌ 企業債
                │ 他会計借入金
        固定負債 ┤ 引当金（1年内に使用されないもの）
                │ ファイナンス・リース取引におけるリース債務
                └ その他の固定負債

                ┌ 一時借入金
                │ 企業債
                │ 他会計借入金
                │ 未払金
                │ 公営企業の通常の業務活動に関連して発生した未払金又は預り金
負債 ┤  流動負債 ┤ 未払費用
                │ 前受金
                │ 前受収益
                │ 引当金（1年内に使用するもの）
                │ ファイナンス・リース取引におけるリース債務
                └ その他流動負債

        繰延収益 ── 長期前受金
```

を適用したためです。

負債は、「固定負債」「流動負債」及び「繰延収益」に分類されます。

1　固定負債

負債のうち流動負債以外の償還期限が1年以降に到来するものをいいます。公営企業における固定負債には、企業債、他会計借入金、引当金、ファイナンス・リース取引におけるリース債務及びその他固定負債があります。

(1)　企業債

企業債は、一般企業における社債及び長期借入金にあたるものです。公営企業を経営する地方公共団体が、その企業の建設改良費等の財源に充てるために起こした企業債及びそれ以外の企業債（退職手当債等）のうち、償還期限が1年以降に到来するものは固定負債として整理します。

(2)　他会計借入金

公営企業に対する他会計からの長期貸付金（法第17条の2・第18条の2）は、同一地方公共団体内における関係ですが、外部からの借入金である企業債と同様、他会計借入金として固定負債に整理します。

(3)　引当金

　引当金とは、現在の収益に貢献している将来の特定の費用又は損失で、その支払の可能性が高く、かつ、その金額を合理的に見積もることができる場合に、当期の費用又は損失として計上するために設定される項目です。引当金の残高は貸借対照表の負債の部又は資産の部に記載します。

　定義づけるとこのようになりますが、非常に分かりづらいものです。経理用語の中でも分かりにくい代表格がこの引当金ですが、簡単にいえば「将来見込まれる損失・費用を、今のうちに見積もる」ことが引当金の考え方です。では、なぜ引当金を計上するのか、その目的の一つは、用心深く安全にいくためです（第1章の第3節で解説されていますが「安全性＜保守主義＞の原則」がここにあらわれているのです。）。

　もう一つの目的は、将来見込まれる損失・費用を、当年度、次年度……というように、各年度に分担させることにあります。その方が各年度の損益計算がより正確になるからです（発生主義の原則のあらわれといえるでしょう。）。

　この引当金は、支払を伴わないものですから、その分の現金その他資産が企業内部に留保されることになります。

　しかし、この留保された資産は、企業の自由な使途に充て得る自己の正味の財産に見合うものではなく、最終的には、その特定目的のために使用するために留保されるものであることに注意を要します。引当金のうち、通常1年内に使用されるものは流動負債に、通常1年を超えて使用されるものは固定負債に属します。

　公営企業では、負債性引当金として、「退職給付引当金」「修繕引当金」「特別修繕引当金」「賞与引当金」等が、評価性引当金として「貸倒引当金」が想定されます。

① 退職給付引当金

退職給付金は、職員が勤務した期間の労に報いて支給されるものですから、退職給付金は各年度に分担させることが発生主義の損益計算上のぞましいものです。そこで毎年度一定の基準額を費用計上するとともに引き当てていくのが退職給付引当金です。

（退職給付金の、一般会計等が負担する職員分の費用化は不要です。）

なお、退職手当組合に加入している地方公共団体の場合は、公営企業の退職給付債務から退職手当組合における当該地方公共団体のうち公営企業分の組合積立額を控除した額を引き当てます。退職手当組合への負担金は、拠出時に負担金として費用計上します。

② 修繕引当金

企業の所有する設備等について、毎事業年度行われる通常の修繕が何らかの理由で行われなかった場合において、その費用は当期に負担させるべきものであるため確実に見込まれるものに限り次期修繕に備えて計上されるものをいいます。

③ 特別修繕引当金

数事業年度ごとに定期的に行われる特別の大修繕に備えて計上される引当金で、法令上の義務づけがある等修繕費の発生が合理的に見込まれるものをいいます。

④ 賞与引当金

翌年度に支払われる予定の期末・勤勉手当のうち、当年度負担相当額について引き当てていくものをいいます。たとえば、12月から5月を支給対象期間として6月にボーナスを支給する場合、12月から3月分につ

いては当年度中に費用が発生していると考え、翌年度の6月に支払うことが予定されているボーナスのうち6分の4について引き当てます。

⑤　貸倒引当金

未収金、貸付金等の債権について、回収することが困難と予想される額を見積り、引き当てていくものをいいます。

不納欠損処理を行うか否かということとは別に、あくまでも債権の回収可能性に応じて貸倒引当金を設定する必要があります。

(4)　ファイナンス・リース取引におけるリース債務

ファイナンス・リース取引とは、実質上、資産を購入したのと同等の売買取引に準じる取引のことです。リース契約に基づくリース期間の中途において契約を解除することができない取引であって、借主がリース物件からもたらされる経済的利益を享受することができ、かつ、リース物件の使用に伴って生じる費用等を負担することとなるものをいいます。

1年以降に契約期限が到来するものについては、固定負債とします。

(5)　その他の固定負債

その他の固定負債として整理されるものには、年賦払いの契約によって購入した資産の年賦金未払金等があります。

（独）水資源開発機構に対するダム割賦負担金がこれに該当します。

● 2　流動負債

(1)　一時借入金

　一時借入金とは、年度途中における収支時期のくいちがいによる一時的な資金不足を補い、予算内の支出をするための短期の借入金をいいます（法第29条）。たとえば、9月末や3月末の企業債の償還や委託費、建設・改良費の業者への支払がある期間に集中して、補助金や交付金の交付等の収入がされるまでの間、一時的に現金がなく、金融機関から借金をして支払をする場合などです。

　一時借入金は、予算内の支出をするために借りるものですから、一時借入金の収入は収入予算には計上されません。

　そして、原則としてその事業年度に償還しなければなりません。しかし、資金不足等のため償還できない場合には、その償還できない額を限度として年度末において借り換えることができます。

　また、一時であるといえども借入金ですから、利息が伴います。したがって、多額の借り入れをすると、支払利息が費用として企業に重くのしかかってきます。そこで借り入れる金額を無制限とはせずに、予算において、その限度額を定めることにしています（令第18条第4項）。

(2)　企業債（1年内に償還期限の到来するもの。）

　公営企業の建設改良等の財源に充当するために起こした企業債及びそれ以外の企業債（退職手当債等）のうち、1年内に償還期限が到来するものに限り、流動負債として整理します。

(3) 他会計借入金（1年内に償還期限の到来するもの。）

　公営企業の建設改良等の財源に充当するために同地方団体の他会計からの長期借入金及びそれ以外の他会計からの他会計借入金のうち、1年内に償還期限が到来するものに限り、流動負債として整理します。

(4) 未払金

　未払金とは、特定の契約等により、すでに債務は発生しているがまだその支払が終わらないもので、公営企業の通常の業務活動において発生したものをいいます。

　公営企業においては、物品の購入の際、これと引きかえに直ちに対価（現金）を支払う場合はあまりありません。そこで会計処理上は、物品の検収をして受け入れた際、営業費用としてその対価相当額を計上するとともに、その相手科目にいったん営業未払金として同額を計上し、後日、その金額を実際に支払ったときに未払勘定から落とすという手続がとられます。

　このようにいったん「未払金に立て」、あとで支払をしたときにこの「未払金から落とす」という手続がとられるのが、現金主義の官公庁会計と違う大きな点です。

　以上の手続を図示すると、**図3−2**のようになります。

　次に、その他未払金は、公営企業の通常の業務活動に関連して発生した未払金をいいます。具体的には営業費用以外の未払額をいい、固定資産購入代金の未払額、たな卸資産の購入代金未払額等があります。

▶図3-2　未払金の手続

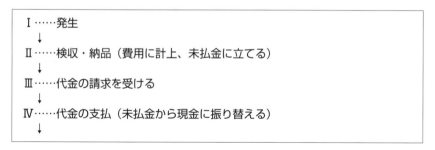

Ⅰ……発生
　↓
Ⅱ……検収・納品（費用に計上、未払金に立てる）
　↓
Ⅲ……代金の請求を受ける
　↓
Ⅳ……代金の支払（未払金から現金に振り替える）
　↓

(5)　公営企業の通常の業務活動に関連して発生した未払金又は預り金

　未払金又は預り金のうち、通常の業務活動に関連して発生した未払金又は預り金であって、一般の取引慣行として発生後短期間に払われるもの（営業費用以外の未払額をいいます。固定資産購入代金の未払額等）は、流動負債として整理します。

(6)　未払費用

　未払利息、未払賃金、未払賃借料等のように契約等により継続的に提供を受けている役務に対する対価として、時の経過とともに発生したものとみられる債務をいいます。

　たとえば、建物の賃貸借契約を年度の中途（８月１日）で行い、１か年分の賃借料120万円を後払いで翌年の７月31日に支払うこととした場合には、年度末の決算経理において、図3-3のように賃貸開始から決算日までの８か月間の賃借料を未払費用として計上します。

　未払金との区別は、継続的な役務の提供かどうか、支払期限が到来しているかどうかで判断します。

▶図3-3

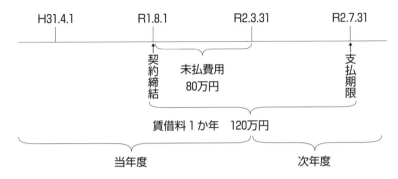

(7)　前受金（受注品等に対する前受金をいい、工事負担金等を除く。）

　前受金とは、相手方からすでに役務の対価として受け取ったもののうち公営企業においていまだその債務の履行をしていない役務の対価に相当する額をいいます。

　たとえば、水道事業において、受託工事の代金あるいは手付金として前受けしたもの等をいいます。前受金には、営業前受金、営業外前受金及びその他前受金に区分されますが、いずれもその債務の履行がなされたときに営業収益、営業外収益等として処理されます。

　前受金が未払金及び未払費用と異なるところは、債務の弁済が金銭の支払によって行われるのではなく、役務の提供（サービスの提供）によって行われるという点にあります。

(8)　前受収益（1年内に収益となるべきもの。）

　前受収益とは、一定の契約に従い、継続して役務を行う場合、いまだ提供していない役務に対して支払を受けた対価をいい、そのうち、1年

▶図3-4　未払金・未払費用及び前受金

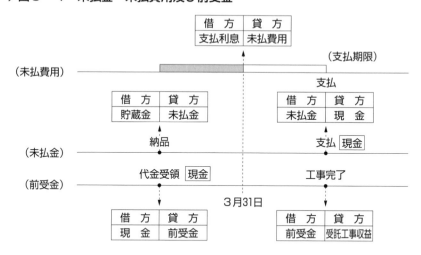

内に収益となるべきものを流動負債として整理します。

(9)　引当金

　引当金のうち、資産にかかる引当金及び1年内に使用されるものについては、流動負債として整理します。

　ただし、1年内にその一部の金額の使用が見込まれるものであって、使用額を正確に算定できないものは、その金額を固定負債とします。

(10)　ファイナンス・リース取引におけるリース債務

　ファイナンス・リース取引におけるリース債務のうち、1年内に期限が到来するものは、流動負債に整理します。

（11） その他流動負債

　その他1年内に債務の履行を伴うべき負債を流動負債として整理します。主なものは短期の「預り金」（職員の所得税の源泉徴収額等）等です。

第 4 章

資　本

資本の意義

　「資本」とは、一般的には企業の経営における「もとで」を意味する
ものであり、第3章で述べた「負債」とともに、企業の財政状況を示す
表である貸借対照表の貸方（右側）に表示されます。この関係を等式で
あらわすと、

　資産 ＝ 資本 ＋ 負債

となります。

　左側（資産）は、企業の資金の運用形態、つまり、企業が経営活動を
していく上で役に立つものをどのような形でもっているかを示していま
す。右側（資本＋負債）は、企業の資金の導入源泉、つまり、企業が資
産をどのような調達方法によって手に入れたかを表しています。この両
者がつねにイコールの関係にあることを、上の等式は意味しています。

　それでは、企業の資金の導入源泉という点で同じ意味をもっている「資
本」と「負債」は、どのような点で区分されるのでしょうか。簡単にい
えば、

　「資本」＝「自己資本」

　「負債」＝「他人資本」

というように考えればよいでしょう。

　「負債」とは、一般的に後日他人に対して支払うべき金銭債務のこと
をいいます。つまり、企業が資産を創造するときに、企業外部から将来

支払義務のあるかたちで資金の調達を行った場合に、その資金を「負債」といいます。

　また、「資本」とは、先ほどの等式により会計上から考えますと、企業の総資産額から総負債額を差し引いた残額、すなわち、後日企業外部に支払うべき額を差し引いた企業自身に帰属する財産の額を示すものです。その意味で資本は、「企業の正味財産高」「純資産」ということができます。

　企業が資産によりサービスの提供を行うという経営活動の点から考えますと、その資産の創造のため調達する資金が負債に分類されようと、資本に分類されようと、創造される資産には違いはありません。企業として提供するサービスは同じものでありますが、公営企業として安定したサービスを継続して提供していくためには、債務超過にならないことはいうまでもないことです。

▶図4−1　資産・資本・負債の関係

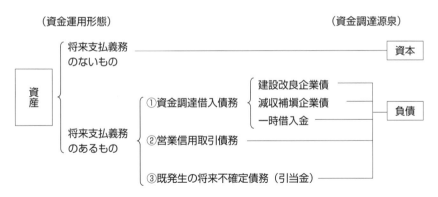

資本の種類及び区分

公営企業では、「資本」は「資本金」と「剰余金」に区分され、さらに「剰余金」は、「資本剰余金」と「利益剰余金」に区分されます（図4-2）。

1 資本金

「資本金」として整理されるものは、その資本金を源泉別に区分することで、次の3種類に分けられます（図4-3）。

（1）固有資本金

「固有資本金」とは、企業開始時に当該事業がもともと属していた会計から新たに企業会計として分離するときに、引き継いだ資本金のことです。

具体的には、法適用の際に引き継いだ資産の額から負債の額を差し引いた金額として確定される残額のうち、

- 国庫補助金
- 工事負担金
- 他の会計からの出資金等としてすでに区分できなくなったものを含

▶図4－2　資　本

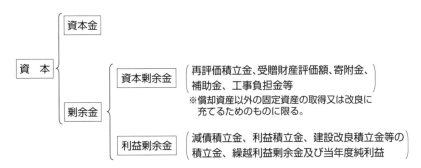

▶図4－3　資本金

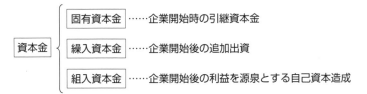

　む、蓄積された剰余金
として企業内部に存在するもののことをいいます。

　事業規模の変更、資本金として留保すべき水準の見直し等、公営企業
の経営のあり方を変更する場合には、議会の議決を経て、資本金の額を
減少することができます（法第32条第4項）。

（2）繰入資本金

　「繰入資本金」とは、企業開始後に建設又は改良等の目的に充てるた
めに、法第17条の2又は法第18条の規定により他の会計から出資を受け
た額等のことをいいます。

（3）組入資本金

　「組入資本金」とは、企業開始後に企業自らの努力によって生み出した未処分利益剰余金を、議会の議決を経て、資本金に組み入れた場合の組入額に相当するものをいいます。

||||||||||||||||||||||||||||||||||||||||||||||||||||||||||||||||||||||||||

● 2　剰余金

　「剰余金」は、企業の正味財産額（資本の額）のうち、資本金の額を超過した部分を意味するものです。剰余金の源泉別により、「資本剰余金」と「利益剰余金」の二つに区分されます。

　「資本剰余金」とは、資本取引によって企業内に留保された剰余によるもの（資本金に属するものは除きます。）であり、「利益剰余金」とは、企業の営業活動（損益取引）によって獲得した利益によるものです。

　この「剰余金」は、公営企業においては、企業会計原則にのっとって、おおむね**図4－4**のように区分されます。

（1）資本剰余金

　「資本剰余金」は、資本金に属するもの以外の資本取引によって、企業に留保された剰余金のことをいいます。その発生源泉によって分類すると、以下のように分けられます。

　①　固定資産の再評価によって生ずるもの（再評価積立金）

　②　贈与によって生ずるもの（受贈財産評価額、寄附金、建設助成金等）

　③　その他（保険差益等）

▶図4-4　剰余金の区分

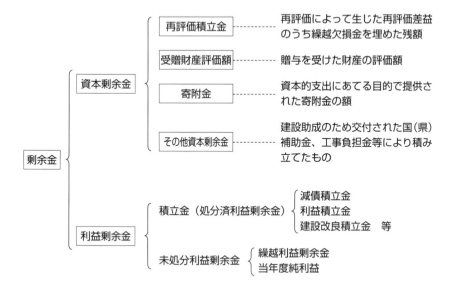

① **再評価積立金**

新たに法を適用することとなった場合において、開始貸借対照表の作成に当たり、資産の帳簿価額を決定する場合、昭和27年3月31日以前に取得した資産については、令附則第11条の規定により、再評価を行わなければなりません。この場合に再評価差益のうち、再評価日現在の繰越欠損金を埋めた後の残額をいいます。

ただし、その再評価基準日は昭和27年3月31日となっており、また、再評価の時期は法の規定の全部若しくは財務規定等の一部の適用の日又は当該日以後1年以内に開始する事業年度開始の日のうち、いずれかの日現在において行われなければなりません。

② 受贈財産評価額、寄附金（償却資産以外の固定資産の取得又は改良に充てるためのものに限る。）

　地方公共団体の他の会計から法第18条の規定により当該企業会計が贈与を受けることとなった財産等（現物出資の場合は除きます。この場合は資本金となります。）については、その受入のあった日をもって公正な評価額で資産に計上することとなります。「受贈財産評価額」は、その価額に相当する額を指していいます。

　「寄附金」とは、受贈財産評価額と同じように、資本的支出に充てるため、当該地方公共団体以外から提供された金銭（寄附金）をもって財産の取得に充てた場合、その金銭を受け入れた日をもって、その額を資産に計上するため、その金額に相当する額を指していいます。

③ その他の資本剰余金（償却資産以外の固定資産の取得又は改良に充てるためのものに限る。）

　建設費補助の目的をもって交付された「国（県）補助金」や、「工事負担金」については、補助指令のあった日又は調定を行った日に未収金として計上し、年度末において、その額に相当する額を資本剰余金のそれぞれの科目に整理します。

　また、資産が災害等により被害を受けた場合に受け入れる保険金とその資産の帳簿価額との差額である「保険差益」についても、その額に相当する額を資本剰余金として整理します。

　最後に、資本剰余金の取り崩しについて、公営企業では、条例の定めにより、又は議会の議決を経た場合に資本剰余金を取り崩すことができます。

（2）利益剰余金

　「利益剰余金」は、前にも述べたとおり、損益取引から生じた剰余金であり、特定の目的をもつ積立金として処分済か否かにより、以下の「未処分利益剰余金」と「積立金」（処分済利益剰余金）の二つに区分されます。

①　未処分利益剰余金

　当年度の企業の営業活動の結果発生した「純利益」は、前年度からの「繰越利益剰余金」とあわせて、「翌年度への繰越利益剰余金」として処理されます。

　また、前年度からの「繰越欠損金」がある場合は、まず当年度の「純利益」から「繰越欠損金」を差し引いた残りの額がこの未処分利益剰余金となります。

　この「未処分利益剰余金」とは、まだ特定の使途目的を与えられていない、いわゆる「白紙のままの利益をプールしておく勘定」ということができます。

②　積立金（処分済利益剰余金）

　上述しました「未処分利益剰余金」の一部については、それぞれ特定の目的に使うための資金として条例の定めるところにより、又は議会の議決を経て、積み立てられます。積立金は、原則として、その目的以外の使途に使用してはなりません。しかし議会の議決を経ればその他の目的のために利用することができます。

経理職員心得帳

資本費平準化債って何だろう？

　水道事業や下水道事業においては、耐用年数が30年を超えるような超長期にわたる施設が少なくありません。このような施設については、超長期にわたる減価償却を通じて建設投資を回収する必要があります。一方、現行制度では原則として地方債の償還期間は最長でもこれまで30年以内（現行では40年以内も可能）とされていたため、毎年度の元金償還額と減価償却費との間に差額が生じ、構造的に資金不足が発生していました。

　このため、当該差額について地方債を発行することで、資本費負担を平準化することを目的として創設されたのが、資本費平準化債制度です。

　例えば、120億円の償却資産を耐用年数（減価償却期間）40年で均等償却すると、単年度の減価償却費は3億円となります。一方、この資産に係る地方債の償還期間が30年で、元金均等償還を行うものとすると、単年度の元金償還額は4億円となり、減価償却費3億円との間に1億円の差額が生じることになります。この差額の1億円が、資本費平準化債の起債対象となります。

　なお、補助金等を取得して償却資産を取得した場合には、減価償却費から長期前受金の償却額を控除した額が資本費平準化債の起債対象となります。

第 5 章

損　益

公営企業は、長期にわたって事業を継続していくために、その事業活動の成果を明らかにして経営状況を把握しなければなりません。

　そのため、ある一定の期間内における事業の収益と費用を把握することは、過去の経営を反省したり、また将来の方針をたてるために必要不可欠です。

　ここでは、この収益と費用について述べることとします。

損益の意義

　損益とは、公営企業の経済活動の結果生じた資本（正味財産高）の増加又は減少をいいます。すなわち、損益取引において、資本の増加をもたらすものを「収益」といい、資本の減少をもたらすものを「費用」といいます。

　収益は、簡単にいえば「もうけ（利益）」のみなもととなる収入をいい、たとえば、売上代金や受取利息がこれに当たります。これに対して、費用は、収益を得るために支払われた出費をいい、職員給与、光熱水費、交通費、支払利息減価償却費等です。

　なお、収益又は費用は、損益取引におけるものであり、資本取引である資本の元入れ（増資）による資本自体の増加又は資本の引出（減資）による資本自体の減少は、ここでいう収益又は費用には当たりません。

収益、費用の記帳基準

　公営企業では、法第20条第１項で「すべての費用及び収益を、その発生の事実に基づいて計上し」とされ、収益及び費用の記帳基準は「現金の授受」があったときではなく、「発生の事実」があるときとしています。すなわち、「経済活動を示す具体的な事実の発生」をもって記帳の基準としていますが、この「具体的な事実の発生」の認識が困難であるので、具体的には**図５−１**のように取り扱うこととしています。

▶**図５−１　費用・収益の記帳基準**

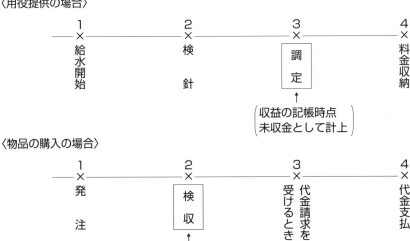

〈用役提供の場合〉

```
1          2          3          4
×          ×          ×          ×
給          検          ┌──┐      料
水                     │調│      金
開          針          │定│      収
始                     └──┘      納
                        ↑
                  ┌─────────┐
                  │収益の記帳時点│
                  │未収金として計上│
                  └─────────┘
```

〈物品の購入の場合〉

```
1          2          3          4
×          ×          ×          ×
発          ┌──┐      代          代
           │検│      金          金
注          │収│      請求を      支
           └──┘      受ける      払
            ↑        とき
      ┌─────────┐
      │費用の計上時点│
      │未払金として計上│
      └─────────┘
```

① 用役の提供の場合には、「調定」の時点をもって記帳します。

② 物品の購入の場合には、物品の引渡を受けたとき、すなわち「検収」の時点をもって記帳します。

③ 建物、土地等の不動産の売買の場合には、企業会計では検収基準としている「売買契約の効力の発生の日（所有権移転のとき）」とします。

なお、「調定」又は「検収」の時点において現金の収納又は支払がなされていない場合には、未収金又は未払金として計上します（令第13条）。

収益、費用の年度所属区分

　収益及び費用の「年度所属の決定基準」は、前述の「記帳基準」と同様、発生主義の考えに立つものです。原則的には「記帳基準」と同一ですが、一致しない場合もあります。

　たとえば、役務の提供が年度をまたがって行われる場合などは、役務の提供開始の時点に記帳が行われていても、年度末決算の際には、役務の提供期間に応じて、当年度の収益、費用と次年度の収益、費用とに分け、次年度分については当年度から除外して次年度に繰り延べることが必要です。

　また、まだ記帳が行われていなくても、当年度にすでに役務の提供が開始されている場合には、当年度の役務の提供期間に対応する金額を未収収益として計上する必要があります。

　仮に、年度所属区分を調定（現金収納）の時点で決めるとなると、役務の提供期間が長複数年度にわたる場合でも調定（現金収納）のあった年度だけに期間収益の全額が計上されるため、残りの期間、期間収益はゼロとなってしまうからです。

　たとえば、建物の賃貸期間を１年として、当年度中にその３分の１に相当する期間（４か月間）が経過しているとすれば、賃貸料12万円のうち４万円だけが当年度の収益であって、残りの８万円は次年度の収益として計上します（**図５−２の①の場合**）。代金が翌年度に支払われる場合でもこれと同様に経過期間に応じて３分の１だけは当年度の収益として計上されます（**図５−２の②の場合**）。

▶図5－2　役務提供収益の年度所属区分

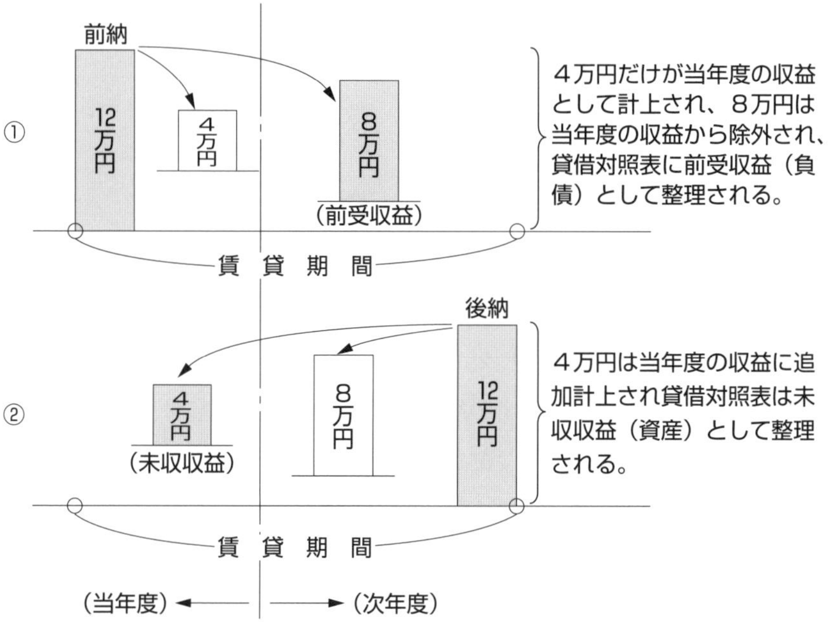

①の場合

　　すでに記帳されている収益12万円のうち、8万円は前受収益とし
　て次年度へ繰り越され（当期の収益から除外され）かつ貸借対照表
　の負債に整理されます。

②の場合

　　4万円は当年度の期間収益とするため同額を未収収益として（当
　年度の収益に計上され）、貸借対照表の資産に整理されます。

　このように、公営企業における「年度所属の決定基準」は、発生主義
の考えに立ち、かつ、次年度にまたがる期間については期間配分によっ
て所属を決定するものです。この点、現金の収入又は支出をもって年度
所属を区分する官公庁会計とはその性格を異にしています。

損益の計算期間

　損益の計算は、事業年度ごとに行います。

　企業の経営活動は、永続的に行われるもので、その経営活動の終了を
まって、開始当時の状態と比較して、損益を計算する方法をとることは
できません。そのため、企業の経営活動を一定の期間に区分して、その
期間ごとに経営活動の結果である損益の状況を明らかにします。

　公営企業については、毎年４月１日から翌年３月31日までを事業年度
とし、各事業年度を損益の計算期間としています。

経理職員心得帳

損益法と財産法

　損益の計算方法には、損益法と財産法とがあります。

　損益法とは、1計算期間内に発生した収益と費用とを集計し、その差引計算によってその期間の損益計算をする方法です。

　財産法とは、1計算期間の終了時における企業の正味財産高をその期間開始時におけるそれと比較して、その増加又は減少をもってその期間の損益とする方法です。

　公営企業では、損益法がとられており、決算において損益法による損益計算の内容を示す損益計算書を作成しなければなりません。そのため、日常の経理においても収益、費用を正確に整理しておく必要があります。

　なお、損益計算書とならんで作成しなければならない貸借対照表においては、いわば財産法の原理に立つ損益計算の結果が示され、そこに示される利益の額は損益計算書に示される利益の額と一致します。

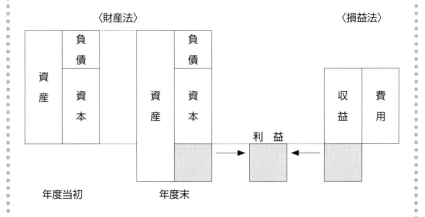

収益は、「営業収益」「営業外収益」「特別利益」に、費用は、「営業費用」「営業外費用」「特別損失」に区分されます（**図5−3**）。

1　収　益

（1）営業収益

営業収益とは、企業の主たる営業活動から生ずる収益をいいます。たとえば、水道事業における給水収益、受託工事収益、軌道事業や自動車運送事業における運輸（送）収益、病院事業における医業収益等がこれに該当します。

（2）営業外収益

営業外収益とは、一般会計からの繰入金、預貯金、貸付金から生ずる受取利息、有価証券の配当、補助金等金融財務活動その他主たる営業活動以外の原因から生ずる収益をいいます。

▶図5－3　収益と費用

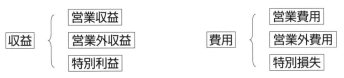

（3）特別利益

　特別利益とは、当期の収益に計上することが不適当であるような特異な収益をいい、これには、固定資産売却益、過年度損益修正益等があります。

● 2　費　用

（1）営業費用

　営業費用とは、主たる営業活動のため生ずる費用をいいます。水道事業における原水費、受託工事費、減価償却費、病院事業における医薬品費等があります。

（2）営業外費用

　営業外費用とは、企業債等の利息等の主として金融財務活動に要する費用及び事業の経営活動以外の活動によって生ずる費用をいいます。

(3) 特別損失

　特別損失とは、当期の費用に計上することが不適当であるような費用であり、固定資産売却損、減損損失、過年度修正損等がこれに該当します。水道事業について、収益及び費用の項目を示せば**図5－4**のとおりです。

経理職員心得帳

損益計算書とキャッシュ・フロー計算書の役割

　損益計算書は、収益と費用を合わせた表でしたね！

　これは、企業が１年間にどれだけ利益を上げたかを明らかにするためものです。ただ、単に利益だけが表示されているわけではありません。利益がでるまでの途中経過が示されています。

　営業活動による収入だけではなく、現金、預金を銀行に預けていれば利息が、また、土地を売却すれば、利益が収入として入ってきます。

　一方、収入を上げるために、人件費や材料費が費用としてかかりますし、建設改良の後には、減価償却費が費用として増加します。

　収入から支出を差し引いたものがプラスなら黒字（つまり利益）、マイナスなら赤字（つまり損失、欠損）ということになりますね。

　発生主義会計のもとでの収益は、現金収入のときではなく、実現されたときに認識されることから、収益・費用を認識する会計期間と現金の収入・支出が発生する時期とに差異が生じます。

　損益計算書だけでは事業年度内にどれだけの資金の収支が発生し、どれだけの余剰資金があるのか、あるいは資金調達が必要なのかという情報が十分に提供されません。

　そのため、キャッシュ・フロー計算書を作成、資金の収支に関する情報を把握することとしています。

▶図5−4　水道事業の収益及び費用

款	項	目	節
収 益	営業収益	給 水 収 益 受 託 工 事 収 益 その他の営業収益	材 料 売 却 収 益 産 物 売 却 収 益 手 数 料 雑 収 益
	営業外収益	受取利息及び配当金 他 会 計 補 助 金 補 助 金 長 期 前 受 金 戻 入 雑 収 益	預 金 利 息 基 金 利 息 貸 付 金 利 息 有 価 証 券 利 息 配 当 金 有 価 証 券 売 却 収 益 不 用 品 売 却 収 益 そ の 他 雑 収 益
	特別利益	固 定 資 産 売 却 益 過 年 度 損 益 修 正 益 そ の 他 特 別 利 益	
費 用	営業費用	原 水 費 浄 水 費 配 水 費 給 水 費 受 託 工 事 費 業 務 費	給料、手当、賃金、法定福利費、旅費、被服費、備 消品費、燃料費、光熱水費、印刷製本費、通信運搬費、 委託料、手数料、貸借料、修繕費、路面復旧費、動 力費、薬品費、材料費、補償金、負担金、受水費、 引当金繰入額、雑費
		総 係 費	報 酬 退 職 給 付 金 研 修 費 諸 謝 金 報 償 費 貸 倒 引 当 金 繰 入 額 そ の 他 引 当 金 繰 入 額
		減 価 償 却 費	有形固定資産減価償却費 無形固定資産減価償却費
		資 産 減 耗 費	固 定 資 産 除 却 費 た な 卸 資 産 減 耗 費
		そ の 他 営 業 費 用	材 料 売 却 原 価 雑 支 出
	営業外費用	支 払 利 息 及 び 企 業 債 取 扱 諸 費	企業債利息、 一時借入金利息、企業債手数料及び取扱費
		雑 支 出	不用品売却原価、その他雑支出
	特別損失	固 定 資 産 売 却 損 減 損 損 失 過 年 度 損 益 修 正 損 そ の 他 特 別 損 失	

第6章

予　算

公営企業予算の意義と概念

　地方公共団体における予算は、執行機関である長が作成し議会の議決を経て成立するものです。一般会計等においても公営企業においても、予算に定められた額を超えて支出することはできません。しかし、公営企業予算は、次のような点で一般会計等予算とは異なった意義が見出されています。

①　企業の効率的運営に重点が置かれる

　一般会計等の予算は、限られた財源を効率的に使用するために支出の規制に重点が置かれ、拘束性の強い予算となっています。これに対して公営企業予算は、企業の効率的運営に重点が置かれています。

　すなわち、公営企業が企業の経済性の発揮を図るためには、支出の制限はただちに収入の減少を招来することともなり、むしろ全体的な経営機能の低下をきたすことにもなります。収入を可能にするための効率的な支出を見積もるという観点にたった方法によっていくことが必要です（詳しくは、第4節「予算の執行」で説明）。

②　収入と支出は密接に結びつく

　一般会計等予算では、収入と支出の両項目の間には、直接には相互の関係性はありません。しかし、公営企業予算では、一定の収入（収益）をあげるための支出（費用）の増、又は、支出の減少に伴う収入の減少

といった関係を生ずることとなることから、収入と支出は密接に結びついています。

③ 弾力性を有する

　一般会計等予算では歳出の規制に重点を置いている関係上、特に歳出予算に強い拘束をもたせています。予算編成後の事情変更の手続についても、予算に定められたことを忠実に実行することに対する要請が強くなっています。しかしながら、公営企業においては、予算の実施過程において、その編成当時には予測し得ない事態に遭遇することもあり得ます。そこで、これらの変動に応じ収益の確保を図るための機敏な経営活動がとり得るよう、予算の弾力性が加味されています。

　公営企業予算においても、予定収入及び支出は収益的収入及び支出と資本的収入及び支出に大別され、さらにこれが款項に区分されていますが、一般会計等予算に比べて著しく包括的であり、収入支出の大綱を定めているにすぎません。予算事項のうち現金の支出を伴うものについては、予算に定められた項目と額を超えた執行はできませんが、議会の議決を経なければ流用できない職員給与費、交際費等の科目を除いては、目以下の流用ができます。

　さらに必要に応じ業務量の増加に伴い収益が増加する場合においては、当該業務に要する経費について、予算超過の支出が認められています（予算の弾力条項）。また、現金の支出を伴わない費用は、予算を超えて執行することも許される等の運用が図られています。

▶表6－1　地方公営企業の予算の特徴

	公営企業の予算		一般会計等の予算
重点	・企業の効率的運営		・歳出規制
収入支出の相互関係	・常に密接な相互関係がある ⇒一定の収入（収益）をあげるための支出（費用）の増、また、支出の減少に伴う収入の減少の関係が大きく作用		・直接に相互の関連性はない
弾力性	・包括的な予算 （収入支出の大綱を定められるにすぎない）		・歳出予算に強い拘束性
	・目以下の流用可 （議会の議決を経なければ流用できない職員給与費、交際費等の科目を除く）		
	・予算の弾力条項 ⇒業務量の増加に伴い収益が増加する場合においては、必要に応じ当該業務に要する経費について、予算超過の支出が認められる。		
	・非現金支出費用の予算超過の許容		

予算原案の作成及び予算の調製

● 1　予算原案の作成と予算の調製権

　公営企業の予算は、管理者が原案を作成し、これをもとにして地方公共団体の長が予算の調製を行うこととされています。

　なお、管理者に予算の原案の作成権が与えられたのは、企業経営の責任者として予算の原案を作成させることによって業務執行の方針案を明らかにさせようとするものです。したがって、地方公共団体の長は、公営企業の予算の調製に当たっては、管理者に企業の業務執行が全面的に委ねられている趣旨にかんがみ、できる限り管理者の原案を尊重すべきであり、指示権等長に留保された権限の範囲内において必要があるときに調製を加える程度とすべきです。

● 2　予算原案の作成時期

　予算の原案の作成時期は、予算の調製、議会への提出時期との関連において考えるべきです。当初予算の議会提出時期は、公営企業についても、毎会計年度の予算について、地方公共団体の長は遅くとも年度開始前、都道府県及び指定都市にあっては30日、その他の市及び町村にあっ

ては20日までに当該予算を議会に提出しなければならないとする地方自治法第211条第1項の規定が適用されます。管理者はこれを考慮して当初予算の原案を長の定める提出時期までに作成しなければなりません。

　なお、補正予算については、その都度定められることとなります。

|||||||||||||||||||||||||||||||||||||||||||||||||||||||||||||||||||||||||||||||||||||||||||||||||||||||||||||||||||

● 　3　予算の原案作成の順序及び要点

　予算の原案作成の順序及び要点については、図6－1のとおりです。

経理職員心得帳

管理者を置かない場合等、予算原案の作成は誰がするの？

　法第7条ただし書の規定により管理者を置かない場合には、管理者の権限は長が行う（法第8条第2項）こととされています。この場合でも、法の組織に関する規定は適用されるので、公営企業を所掌する組織の中において、公営企業の管理者の権限を行う長が予算の原案を作成し、一般行政の長にこれを送付することになります。実際には、企業の担当部局が長の意を受けて原案を作成し、財政課長（総務部長）等に提出するわけですが、この場合の文書の名義は、企業の責任者としての長から、一般行政の責任者たる長にあてた形になります。

▶図6-1　予算の原案作成の順序及び要点

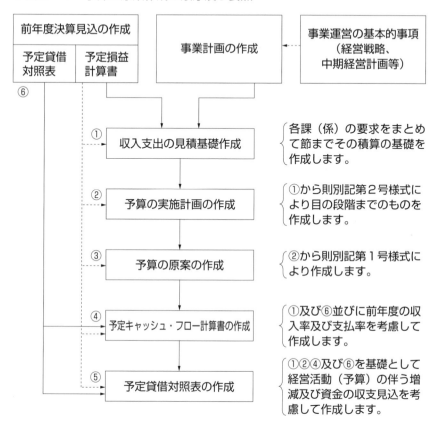

予算の記載事項及び様式

1 予算の記載事項

予算に記載すべき事項は、次のとおりです（令第17条第1項）。

① 業務の予定量

② 予定収入及び予定支出の金額

③ 継続費

④ 債務負担行為

⑤ 企業債

⑥ 一時借入金の限度額

⑦ 予定支出の各項の経費の金額の流用

⑧ 議会の議決を経なければ流用することのできない経費

⑨ 一般会計又は他の特別会計からの補助金

⑩ 利益剰余金の処分

⑪ たな卸資産購入限度額

⑫ 重要な資産の取得及び処分

予算は、上記の内容について調整するとともに、最後はこれを定められた一定の予算様式に組み立てることになります。

公営企業の予算様式は、則別記第1号に定められており、各条文の形式をもって示すいわゆる文言形式となっています。

予算の内容は大別して、

- 収入支出予算
- それ以外の予算事項

とに分かれ、収入支出予算はさらに、

- 経常的な営業収支予算である収益的収入支出予算（以下「３条予算」といいます。）
- いわば臨時的な建設収支予算である資本的収入支出予算（以下「４条予算」といいます。）

とに区分し、予算の内容を明確にします（令第17条第２項）。

2　予算様式

予算様式は、**表６－２**のとおりです。

なお、法第17条ただし書によって二以上の事業を通じて一の特別会計

▶表６－２　予算様式

令和何年度Ａ市水道事業会計予算

（総　則）

第１条　令和何年度水道事業会計の予算は、次に定めるところによる。

（業務の予定量）

第２条　業務の予定量は、次のとおりとする。

(1)	給水戸数	8,000戸
(2)	年間総給水量	4,252,900 m^3
(3)	一日平均給水量	11,652 m^3
(4)	主要な建設改良事業	Ａ及びＢ地区配水設備拡張工事　事業費31,865千円

（収益的収入及び支出）

第３条　収益的収入及び支出の予定額は、次のとおりと定める。

収　　入

第１款	水道事業収益	75,620千円
第１項	営 業 収 益	75,049千円
第２項	営 業 外 収 益	494千円

```
        第3項 特 別 利 益              77千円
              支      出
第1款  水道事業費用               70,280千円
  第1項 営 業 費 用             60,554千円
  第2項 営 業 外 費 用            8,676千円
  第3項 予  備  費             1,050千円
```

（資本的収入及び支出）

第4条　資本的収入及び支出の予定額は、次のとおりと定める（資本的収入額が資本的支出額に対し不足する額11,487千円は過年度分損益勘定留保資金4,392千円、当年度損益勘定留保資金5,269千円、当年度分消費税及び地方消費税資本的収支調整額1,826千円で補填するものとする。）。

```
              収      入
第1款  資本的収入                29,664千円
  第1項 企  業  債            25,934千円
  第2項 出  資  金             3,500千円
  第3項 固定資産売却代金             230千円
              支      出
第1款  資本的支出                41,151千円
  第1項 建 設 改 良 事 費        38,074千円
  第2項 企 業 債 償 還 金         3,077千円
```

（債務負担行為）

第5条　債務負担行為をすることができる事項、期間及び限度額は、次のとおりと定める。

事　　　項	期　　　間	限　度　額
建 物 用 土 地 年 賦 購 入	令和　　年度から 令和　　年度まで	20,000千円

（企業債）

第6条　起債の目的、限度額、起債の方法、利率及び償還の方法は、次のとおりと定める。

起債の目的	限 度 額	起債の方法	利　　　率	償　還　の　方　法
配 水 設 備 拡張工事費	千円 25,934	証書借入	％ 5.0以内	借入先の融資条件による。ただし企業財政その他の都合により繰上償還又は低利に借り換えることができる。

（一時借入金）

第7条　一時借入金の限度額は、10,000千円と定める。

　　（議会の議決を経なければ流用することができない経費）

第8条　次に掲げる経費については、その経費の金額を、それ以外の経費の金額に流用し、又はそれ以外の経費をその経費の金額に流用する場合は、議会の議決を経なければならない。

```
(1) 職員給与費                  23,561千円
```

（たな卸資産の購入限度額）

第9条　たな卸資産の購入限度額は、7,515千円と定める。

```
     令和    年  月   日 提出
              A市長  何       某
```

によって経理する場合には、通常の様式に準じて作成しますが、特別会計は本来事業ごとに設けるのが原則ですから、この場合においても、その二以上の事業が各々区別できるように項の段階において区分しておくのがよいでしょう。

　軌道事業及び自動車運送事業の両事業を合わせて一つの企業会計予算を作成した場合についての３条予算の一例を挙げると**表6－3**のようになります。

　このように、款をもって明らかに区分して経理し得る場合はできるだけこのような方法がよいと思われますが、経営が一体化していて固定資

▶表6－3　3条予算例

（収益的収入及び支出）	
第3条　収益的収入及び支出の予定額は、次のとおりと定める。	
収　　　　入	
第1款　軌道事業収益	千円
第1項　営業収益	千円
第2項　営業外収益	千円
第3項　特別利益	千円
第2款　自動車運送事業収益	千円
第1項　営業収益	千円
第2項　営業外収益	千円
第3項　特別利益	千円
支　　　　出	
第1款　軌道事業費	千円
第1項　営業費用	千円
第2項　営業外費用	千円
第3項　特別損失	千円
第4項　予備費	千円
第2款　自動車運送事業費	千円
第1項　営業費用	千円
第2項　営業外費用	千円
第3項　特別損失	千円
第4項　予備費	千円

産の使用区分、金利（特に一時借入金）等が分離し難い場合には、予算形式上は、一つで表し、実施計画の目の段階でできるだけ分離して明らかにするように努める方法も考えられます。4条予算についても3条予算と同様の趣旨の様式となります。

　附帯事業を経営している場合、あるいは工業用水道、病院事業等で二以上の工業用水道又は病院等を経営している場合も、それぞれの経営状況を明らかにするためにこれと同様に款又は項の段階で区分します。

● 3　予算に関する説明書

　予算が概括的であるため、その基礎となる附属書類又は参考となる書類として、以下の書類を提出します。

① 　予算の実施計画（則別記第2号）
② 　予定キャッシュフロー計算書（則別記第15号）
③ 　給与費明細書（則別記第3号）
④ 　継続費に関する調書　（則別記第4号）
⑤ 　債務負担行為に関する調書（則別記第5号）
⑥ 　当該事業年度の予定貸借対照表並びに前事業年度の予定損益計算書及び予定貸借対照表（別記第10号）（別記第13号）

● 4　補正予算の様式

　次に補正予算の様式は、収入支出予算の3条予算及び4条予算について、既決予定額、補正予定額及びこれらの計が明らかになるように示し、

収入支出予算以外については条文を改める形式になります。

　具体例を示すと、**表6－4**のとおりです。

▶**表6－4　補正予算例**

令和何年度Ａ市水道事業会計補正予算（第何号）

第1条　令和何年度何市何事業会計の補正予算（第何号）は、次に定めるところによる。

第2条　令和何年度何事業会計予算（以下「予算」という。）第3条に定めた収益的収入及び支出の予定額を次のとおり補正する。

（科　　目）	（既決予定額）	（補正予定額）	（計）
収　　入			
第1款　水道事業収益	千円	千円	千円
第1項　営業収益	千円	千円	千円
支　　出			
第1款　水道事業収益	千円	千円	千円
第1項　営業費用	千円	千円	千円

第3条　予算第4条本文括弧書中「当年度利益剰余金処分額何千円」を「当年度利益剰余金処分額何千円及び繰越利益剰余金処分額何千円」に改め、資本的収入及び支出の予定額を次のとおり補正する。

（科　　目）	（既決予定額）	（補正予定額）	（計）
収　　入			
第1款　資本的収入	千円	千円	千円
第1項　企業債	千円	千円	千円
支　　出			
第1款　資本的支出	千円	千円	千円
第1項　建設改良費	千円	千円	千円

第4条　予算第8条中「何千円」を「何千円」に改める。

第5条　予算第10条に定めた経費の金額を次のように改める。

（科　　目）	（既決予定額）	（補正予定額）	（計）
職員給与費	千円	千円	千円

5　3条予算と4条予算

　上記の予算様式の記載事項における3条予算、4条予算について説明します。

(1)　3条予算

　3条予算には、現金主義会計における一定期間の現金の収入・支出という財政項目の見積りのみに限らず、公営企業の経営活動に伴い一定期間に発生すると予想されるすべての収益とそれに対応するすべての費用が組織的に示されます。このため、当年度の経営活動の予定目標が明示されます。

　なお、収入、支出に含まれる消費税及び地方消費税相当額、当年度に発生する納税（還付）予定額については、正確な期間損益の算出等を行うため、課税を選択しない免税事業者を除き損益計算書には表示されませんが、3条予算には総計予算主義の観点から計上しなければなりません。

　さらに、3条予算は予算編成上、次のような点に注意しなければなりません。

①　収益の計上に当たっては、その年度に現金として収入が見込まれる金額のみを計上するのではなく、収益として発生が予定されるものを全額計上しなければなりません。

②　費用についても同様に当年度に発生を予定されるものすべてについて、現金の支出の有無を問わず計上されるものです。したがって、減価償却費、たな卸資産減耗費、固定資産除去費のように現金の支

出を伴わないものや、当年度分の消費税及び地方消費税の納税予定
額のように現金の支出が翌年度に発生するものも含まれます。

なお、当年度に現金の支出を伴うものであっても現金を支出した
年度の3条予算に計上しないものがあります。

(2)　4条予算

4条予算は、施設の稼働によって住民にもたらされる受益の程度、つ
まり、住民に対するサービスの提供を維持するために要する建設改良費、
これら建設改良に要する資金としての企業債収入、現有施設に要した企
業債の元金償還等の予定を示すものです。4条予算の計上及び執行につ
いても3条予算と同様発生主義を採用していますが、その予算計上項目
については、原則として現金収入・現金支出項目に限定して予算の内容

▶図6-2　費用の予算計上と現金支出

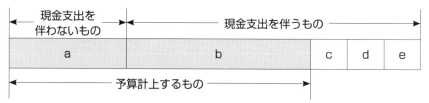

a＋b：当年度の費用として予算計上のもの
　　　　（例）a〜減価償却費、固定資産除却費
　　　　　　　b〜職員給与費、材料費、支払利息等
　　c：前年度の費用として前年度に予算計上し、決算済のもの
　　　　（例）　未払金、未払費用
　　d：翌年度の費用として翌年度に予算計上のもの
　　　　（例）　前払金、前払費用
　　e：翌年度以降の費用として翌年度以降に予算計上のもの（現金支出年度に4
　　　　条予算に計上）
　　　　（例）　翌年度の費用を当年度前払する場合

が明確化されます。

　なお、４条予算について言及しなければならないことは、３条予算との相互関係です。

　すなわち、当該年度の建設改良費等の財源として４条予算の資本的収入に計上されるものは、企業債等の企業外部からの資金です。設備資金、企業債の償還金等の資金源泉としては、これらの外部資金のほか、３条

経理職員心得帳

資本的収入に計上しない企業債

　地方公営企業が企業債を発行できる根拠は地方財政法第５条第１号において公営企業に要する経費の財源とする場合と規定されています。

　条文上は、地方公営企業に要する経費であれば何にでも起債ができるように読めますが、実際は国が地方債同意等基準や運用要綱によって制限しています。

　2020年に世界中で猛威を振るい、我が国の経済、社会活動に大きな影響を与えた新型コロナウイルス感染症の拡大は、公営企業の経営に重大な影響をもたらしました。

　そのため、新型コロナウイルス感染症の影響による収益の減少などにより、資金不足額が発生、又は拡大する地方公営企業は、「特別減収対策企業債」を発行できる制度が創設されました。

　「特別減収対策企業債」は収益的収支の不足額に対して、いわゆる退職手当債と同様に赤字地方債として補填する制度です。

　「特別減収対策企業債」は、収益的支出に要する資金として起債するため、資本的収入には計上せず、収益的収支予算本文中になお書きとして記載することになります。

　決算についても予算と同様の考え方により計上します。

　一例を示せば、以下のとおりです。

　第３条　収益的収入及び支出の予定額は、次のとおり定める。なお、営業費用中○○○費○○○円の財源に充てるため、企業債○○○円を借り入れる。

予算における経営活動の結果予定される利益及び費用中に計上されている減価償却費等現金支出を伴わない支出によって企業内に留保される自己資金が大部分を占めています。そこで資本的収入（外部資金）が資本的支出に不足する場合には、自己資金を使用することとなります。この場合には自己資金が3条予算に計上された結果生じてくる資金であるため、これを資本的収入としては計上せず、4条予算本文中の補塡財源として記載します。

経理職員心得帳

赤字予算は組めるのか？

　当該年度の予定損益計算上やむを得ない事情により赤字になることが予想されるときはどうしたらよいのでしょうか。

　この場合、3条予算において支出が収入を上回る予算（赤字予算）を編成することとなります。ただし、この場合には、経営健全化計画を策定し、すみやかに赤字の解消をはかるべきです。

　なお、3条予算が赤字である場合には、資本的収支の不足額の補塡財源として、4条予算にかっこ書計上することができる当年度分損益勘定留保資金の金額は、当該赤字額だけ減額したものとすべきです。

··

予算の執行

|||||||||||||||||||||||||||||||||||||||||||||||||||||||||||||||||||||||||||||||||||||||||||||||||||||||||

● 1 執行計画

　管理者は、公営企業の予算執行について、公営企業の適切な経営を行うため、必要な計画を定め、これに従って公営企業の予算を執行することとされています。

　なお、この執行計画は、議決された予算の範囲内で随時管理者において変更が可能です。

|||||||||||||||||||||||||||||||||||||||||||||||||||||||||||||||||||||||||||||||||||||||||||||||||||||||||

● 2 予算の効率的運営

　公営企業の予算は、企業の効率的運営に主眼が置かれているため、特に３条予算ではそれ自体に弾力性を加味して企業の経営活動に伴う変動に応ずる特色をもっており、これら予算の例外的措置は、次のような場合において認められています。

(1) 流　用

　流用の範囲については、収益的支出と資本的支出の間、各款の間又は

各項の間においては相互に流用することができません。ただし、各項の流用については予算で定めておけば流用することができます。また、予算に定める特定の目でない経費（職員給与費、交際費等）についてはこれらの経費と他の経費との間及びこれらの経費相互間では議会の議決を経なければ相互に流用はできません。

(2)　弾力条項

業務量の増加によって公営企業の業務のため直接必要な経費（たとえば交通事業において、臨時に大量の乗客が増加した場合に車両台数の増加、運転時間の延長等を行うことにより、それに伴う人件費及び物件費の増加部分）に不足が生じた場合で予算の修正を行う時間がない場合、管理者は、当該業務量の増加により増加する収入に相当する金額を当該企業の業務のため直接必要な経費に使用できます（法第24条第3項前段）。

なお、この弾力条項を適用した場合、管理者は遅滞なく当該地方公共団体の長に報告をし、報告を受けた地方公共団体の長は、これを議会に報告しなければなりません（法第24条第3項後段）。

また、弾力条項の発動は、予備費を設けてある場合には予備費を使用し、次に費用の流用等をもって措置した後に行うべきものです。

(3)　現金支出を伴わない支出の特例

公営企業の3条予算は、発生する損益のすべてについて計上することとされています。これは、事業のその年度における経営の状況を、主として発生する損益について把握し、予定させることを議会の議決対象と

しているためです。

　この結果、現金の支出を伴わない費用についてもすべて予算の内容となります。これらを予定として議会の議決事項の内訳に含めることは、事業の活動の全般についての大綱の議決を得る上からどうしても必要ですが、これら現金の支出は伴わない減価償却費、たな卸資産減耗費等まで支出拘束の予算として規制することが適当ではありません。このことから、現金の支出が伴わない費用について公営企業の予算の執行に当たっては、支出の予算がない場合であっても支出することができます（令第18条第5項ただし書）。

(4)　未収、未払等の予算執行

　公営企業における予算執行は、発生主義による取引の時期をもってなされるので、収入を調定し、又は購入物品を検収し、未収又は未払に整理をするときに執行されるものです。したがって、すでに未収、未払となったものについて現実に現金の収納、支払が行われるときには、予算の執行はありません。

　前払金、概算払については、前払金又は概算払するときに前払金等として整理するのが原則であり、この場合、予算執行は行わず前金払又は概算払にかかる役務又は財貨の提供を受けたときに予算執行することになります。

第 7 章

出　納

出納とは

　「出納」とは、金銭や物品の受払いのことであり、このうち受入れを「収納」、払出しを「支払」といいます。身近なところでは、料金の徴収、貯蔵品購入代金の支払、貯蔵品の使用の際の払出しなどがこれに当たります。

　地方自治法では、出納事務の執行は会計管理者が行うこととされ、収支についての命令機関（地方公共団体の長）と執行機関が分離されています。これに対して、公営企業は、出納事務は管理者の権限とされ、管理者の責任と権限によって一元的に執行されます。

　公営企業においては、日常的な現金等の出納事務の処理量が多いことに対応し、業務の執行はできるだけ地方公共団体の長や議会の干渉を受けず、管理者の指揮のもとに自主的に執行され、責任の所在を明らかにすることが望ましいこと、また、現金の収支の状況をできるだけ迅速かつ正確に把握して効率的な資金管理を行う必要があることなど、企業としての経済性を発揮して合理的、能率的な経営を行うことが求められているからです。

　ただし、公営企業の設置形態により次のような特例が設けられています。

（1）　法の規定の全部が適用される場合

　法の規定の全部が適用される公営企業で、管理者を置かずに地方公共団体の長が管理者の権限を行う場合には、出納事務は長が行うこととされています。

　なお、この場合には出納事務を会計管理者に委任することはできません。

（2）　法の規定の財務規定等のみが適用される場合

　法の財務規定等のみが適用される公営企業の場合には、管理者の権限は地方公共団体の長が行うこととされていますが、条例で定めれば出納事務の全部又は一部を会計管理者に行わせることができます。

出納取扱金融機関と
収納取扱金融機関

　このように公営企業の出納事務は原則として直接管理者が行うこととされていますが、必要がある場合には、銀行、信用金庫、その他これらに類する貯金の受入れ又は資金の融通を業とする金融機関で長の同意を得て指定したものに、公金の収納及び支払事務の一部を取り扱わせることができます。

　これは、現在のように金融機関が発達し、一般の取引決済もこれによっているとき、公営企業の出納事務を管理者に限ることは、利用者に対して極めて不便であり、また、現金等の取扱いに習熟した金融機関に取り扱わせるほうが能率的かつ安全であること等から設けられた制度です。この場合、収納及び支払事務の一部を取り扱わせる金融機関を「出納取扱金融機関」、収納事務のみの一部を取り扱わせる金融機関を「収納取扱金融機関」といいます。

　これは長部局の公金の収納・支払事務を取り扱う「指定金融機関」に見合うものということができ、また、これらの金融機関における公金の取扱いの適正を期するため、管理者、監査委員による検査を行うことができることも指定金融機関の場合と同様です。しかし、長部局が一つの団体に指定金融機関を複数設置することができないのに対し、公営企業においては、複数の出納取扱金融機関を設置することができます。実際の運用に当たっては、収納取扱金融機関については利用者の料金納入等の利便を考えると複数とすることも意味があるといえますが、支払を伴

う出納取扱金融機関は、事務の複雑化を避ける意味からもできる限り一つとすることが望ましいといえます。

なお、複数の出納取扱金融機関を設けた場合には、管理者はそのうちの一つを出納取扱金融機関同士のとりまとめをする「総括出納取扱金融機関」として指定しなければなりません。

出納取扱金融機関及び収納取扱金融機関は、その取り扱う公営企業の収納及び支払の事務について当該公営企業に対して責任を有することとされ、金融機関側の故意又は過失によって損害が生じた場合には、損害の賠償の責を負わなければなりません。なお、この場合における賠償の履行を確実にするため、金融機関は公営企業に対しあらかじめ担保を提供しなければなりません。この担保物件としては、国債、地方債その他の確実な有価証券が適当であり、その価額は、当該金融機関における取扱い現金の額などに応じて適宜定めます。

企業出納員と現金取扱員

　公営企業には、管理者の日常的な事務を補助したり、あるいは委任を受けて事務を行うものとして、「企業出納員」と「現金取扱員」の制度が定められています。

　企業出納員は、公金を扱う出納事務の執行には、一般の事務以上に厳正な執行が要求され、その事務を担当する職員の権限及び責任の所在を明確にしておく必要から設けられたものです。その職務は、管理者の命を受けて現金及び物品の出納、保管並びにこれらに付随する事務を行います。また、企業出納員は企業職員のうちから管理者が任命しますが、その設置の趣旨から、やみくもに多数の職員を任命すべきではありません。

　現金取扱員は、公営企業では電気・水道料金の集金、病院の窓口会計など直接現金等を収納する場合が多く、この事務をすべて管理者又は企業出納員が行うことは現実的ではないため、特に現金の取扱いに携わる職員を定めて、公金の取扱いを慎重にし、責任を明らかにするために設けられたものです。企業出納員と同様、企業職員のうちから管理者が任命します。また、現金取扱員については過大な責任を負担させることを避けるため、一人一日当たりの取扱限度額を定める必要があります。

　なお、企業出納員は原則として必ず置かなければなりませんが、現金取扱員の設置は任意とされています。これは、公営企業の中にも、たとえば土地造成事業など、業態により現金の収納が頻繁に行われない事業

があり、これらの事業については現金取扱員を置く必要性がほとんどない事業もあるからです。前述した電気・水道・病院事業などの直接現金等を収納する場合が多い事業にあっては、企業出納員と同様、必ず置くべきです。

　企業出納員及び現金取扱員は、その設置の趣旨からも分かるとおり、故意又は過失による現金、物品等の紛失等については、それによって生じた損害の賠償の責を負わなければなりません。

第4節

収入の手続

　一般会計等では、使用料等が収納された時点で収入となる「現金主義」によっており「収納＝収入」の関係にあります。これに対して公営企業会計は、現金の収支の有無にかかわらず経済活動の発生という事実に基づく「発生主義」によっているため、この事実が発生した時点で「調定」という事務を行うこととなります。よって「調定＝収入」の関係にあるといえ、「収納」は「収入」に対して直接的な意味合いをもたないということになります。

　収入の調定とは、収入の内容について、収入の根拠、所属年度、収入科目、納入義務者等を明らかにし、収入金額を確定する内部行為をいい、調定の手続方法としては、調定をしようとする収入の内容を具体的に示した書類（調定明細書）を添付した振替伝票を発行して、管理者の決裁を受けるということになります。

　この調定事務は、当然収納に先だって行わなければなりません。例外として、収納と同時に又は収納後に行われるものがあり、たとえば、バスの利用者が運賃を支払うつど、また、病院の患者が料金を支払うつど、事前に管理者に決裁を受けることは事実上不可能であり、これを「事後調定」といいます。

　なお、収入の調定をしたときは、併せて納入義務者に対して、納入すべき金額、納期限などを記載した納入通知書により、納入の通知をしなければなりません。

　利用者の納入の方法は、管理者、企業出納員又は現金取扱員、出納（収納）取扱金融機関に対する現金の納付のほか、利用者の利便を考慮して、証紙による方法、口座振替による方法、小切手等の証券による方法などによることもできます。

　公営企業における収納の方法については、収納の機関により次のとおりです。

①　現金取扱員が収納する場合

　収納した当日の集金日報を納入通知書兼領収書の原符に基づいて作成し、現金を添えて企業出納員に引き渡します。

②　企業出納員が収納する場合

　現金取扱員から集金日報及び現金の引き渡しを受けた場合又は企業出納員が納入義務者から直接現金を収納した場合は収納伝票を発行し、現金は払込書により即日又は翌日に出納（収納）取扱金融機関に預け入れます。

　出納取扱金融機関から収納済通知書の送付を受けたときは、その収納済通知書に基づき収納伝票を発行します。

　その日の収納が終わったときは、現金出納簿又は預金出納簿の記帳を行うとともに、伝票に基づき内訳簿の記載を行い、日計表を作成し、これに基づき総勘定元帳の記載整理をします。

③　出納（収納）取扱金融機関が収納する場合

　公営企業の収入を収納した場合又はその払込みを受けた場合は、これを自動的に当該公営企業の預金口座に受入れ、収納取扱金融機関にあっては、出納取扱金融機関にある当該公営企業の預金口座に振り替えます。

以上により、出納取扱金融機関において、公営企業の収納の状況及び預金の状況がとりまとめられ、管理者はこれを報告させることとされています。

空白の４日間？

　利用者が平成24年３月31日に納入通知書により遠隔地にある収納取扱金融機関に利用料金１万円を納付しましたが、遠隔地ゆえ、また、休日をはさんだために出納取扱金融機関にある公営企業の口座に入金になったのが４月４日となってしまいました。

　さて、この１万円は３月分（平成23年度分）、４月分（平成24年度分）、いずれの収納として整理すべきなのでしょうか？

　「出納取扱金融機関と収納取扱金融機関」のところでも述べましたが、これらの金融機関は管理者に代わり出納又は収納事務を取り扱っており、いいかえれば、集金人、会計窓口と同様の業務を行っているといえ、この場合、収納取扱金融機関に１万円を納付した時点、つまり３月分の収納ということになります。

　なお、３月31日から４月４日までの４日間については、収納取扱金融機関から出納取扱金融機関への移動期間、いわゆる「未達」分として３月31日現在の口座の残高に別途加算する形で整理することとなります。

▶図7－1　収入の手続

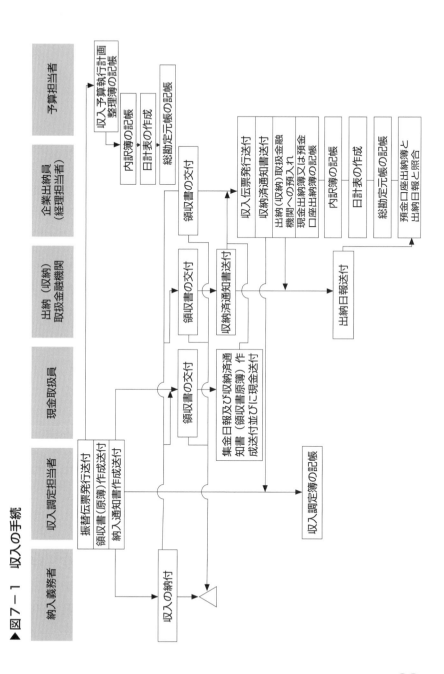

支出の手続

　支出に当たっては、支出の原因となるべき契約その他の行為について、あらかじめ「支出負担行為」という事務を行わなければなりません。

　支出負担行為とは、支出の内容について、法令等に違反していないか、内容に過誤がないか、予算との整合性がとれているか等を審査する内部行為をいいます。支出負担行為の手続方法としては、支出負担行為をしようとする支出の内容を具体的に示した書類（支出負担行為書）により、管理者の決裁を受けるということになります。この支出負担行為に基づき、契約、業者への発注、当該企業への納品が行われ、納品された物品（提供されたサービス）について検収を行うことになりますが、この検収が支出の「発生」ということになり、この時点で振替伝票を発行することになります。

　この後、業者から請求書の提出を受け、納入期限を待ち支払うということになりますが、支払の方法については、主に次のとおりとされています。

①　管理者が自ら現金で支払を行う方法

　公営企業の支払については、出納取扱金融機関に行わせることが便利であり、安全ですが、日常起こる小額の支払までもすべて金融機関に行わせることは、かえって不便である場合もあるため、管理者は自己保管の限度額のうちから企業出納員等に一定額の現金を保有させて、小額の

▶図７－２　支出の手続

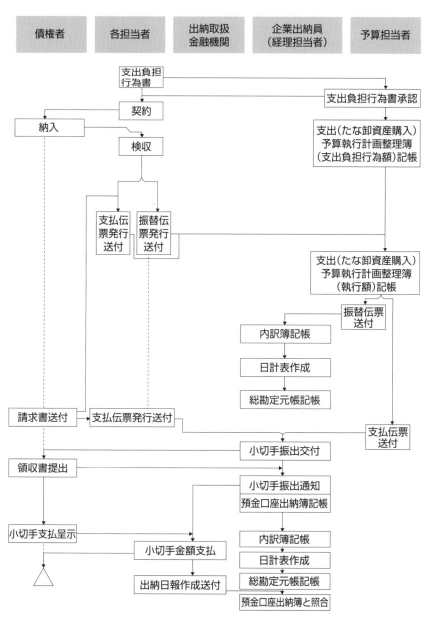

支払を行わせることができます。

②　出納取扱金融機関を通じて支払を行う方法

　出納取扱金融機関を支払人とする小切手を債権者に交付する方法と、出納取扱金融機関に通知して債権者の預金口座へ振り替えさせる方法等があり、現在は後者による支払が一般的方法となっています。このほかにも、現金による支払、公金振替書による支払、隔地払による方法があります。

　なお、企業出納員は支払を行ったつど（行わせたつど）、現金出納簿又は預金出納簿の記帳を行うとともに、伝票に基づき内訳簿の記載を行い、日計表を作成し、これに基づき総勘定元帳の記載整理をします。

　出納取扱金融機関が債権者に支払又は送金を完了したときは企業出納員に支払済通知書を送付しなければならず、また、出納取扱金融機関が二以上ある場合においては、その支払の状況を総括出納取扱金融機関に通知しなければなりません。

　以上により、（総括）出納取扱金融機関において、公営企業の支払の状況及び預金の状況がとりまとめられることとなり、収納の状況と同様に管理者はこれを報告させることとされています。

　なお、公営企業においても支払については、

　①　支払の相手が正当債権者である

　②　債務金額が確定している

　③　支払の対象となる事実が確定し、支払期限が到来している

という三つの条件が揃ったときに行うことが原則であり、この原則に対する特例として、資金前渡、概算払、前金払等の方法が設けられています。これらの方法は、あくまでも例外的な方法とし、旅費の概算払等を

除き、やむをえない理由のある場合にのみに限ることはいうまでもあり
ません。

第8章

決算

決算は、その事業の本来の営業活動の結果としての損益の状況や財産の状態を一定期間を限ってとらえて示すことを目的としています。公営企業の営業活動の期間は、地方公共団体の会計年度によるとされていますから、決算としてとらえる期間は４月１日から翌年の３月31日までとなります。

　一般会計においては、決算は予算執行の結果が予算などに違反していないかどうかをみることに意味があるのに対し、公営企業の決算は、管理者に大幅に任せられた企業経営の成績がどのようになっているかを検証するためのものですから、予算とともに重視されます。

　ちなみに、民間企業では一般的に予算よりも決算が重視されます。このため公営企業の決算には、決算の調製者、決算調製手続、決算書類等にその特例が認められています。

決算の調製者

決算の調製者は、管理者である（法第30条第 1 項）。

　一般会計の場合は、決算の調製者は長又は会計管理者であるのに対し、公営企業の場合は管理者です。公営企業の場合、管理者が経営に直接責任を有するため、一般会計と異なる扱いを受けるのです。ただし、管理者を置かない企業又は、財務規定等が適用される企業にあっては、決算の調製者は長となります。後者の企業において、条例で定めるところにより、会計管理者が決算事務の全部又は一部を行う場合においては、その事務の範囲内で会計管理者が調製します。

決算調製手続

決算は毎事業年度終了後2月以内に調製しなければならない（法第30条第1項）。

　公営企業の会計処理は発生主義に基づいて行われます。日常の取引の記帳は、現金の収支とは関係なく取引による債権債務の発生した時点で処理され、決算は3月31日で処理されます。一般会計の場合は、予算に定められた支出が実際に行われるまで待たないと決算を整理することができません。そのため、4月1日から5月31日までの出納整理期間という特別の期間を設けて、この間に前年度の債権債務に係る収入及び支払を行うこととされています。しかし、公営企業の場合には出納整理期間はないため、かなり迅速に決算が行われることになります。

　決算書類の提出を受けた長は、これを監査委員の審査に付します。監査委員は、予算の執行が適切であったかどうか、企業が効率的に運営されたかなどについて審査し意見を付します。長は、これを遅くとも7月1日以降において最初に招集される定例会である議会の認定に付すことになります。一般的には9月定例議会に附託され審査されます。

　決算が議会によって認定されると、その要領はホームページや公報等によって住民などに公表されることとなっています。

決算書類

決算書類として決算報告書のほかに、損益計算書、貸借対照表等の財務諸表の作成が必要（法第30条第7項）。

　現金主義の一般会計の決算は、予算額に対してその執行の実績はどうであったかを示す計算表です。しかし、発生主義の公営企業の決算は、

- その企業の事業年度内の損益がどうなっており（経営成績）
- その経営の結果、年度末における資産、負債及び資本の状況はどのようになっているか（財政状態）

というような点を明らかにするため、財務諸表を作成する必要があります。

　公営企業会計及び一般会計における決算書類を比較してみると**表8−1**のとおりとなります。

　また、参考までに消費税及び地方消費税導入に伴う公営企業会計における決算書類作成上の計数の取扱いを示すと**表8−2**のとおりとなります。

▶表8−1　公営企業会計と一般会計の書類

区分	公営企業会計	一般会計
決算書類	①決算報告書 ②損益計算書 ③剰余金計算書又は欠損金計算書 ④剰余金処分計算書又は欠損金処理計算書 ⑤貸借対照表	①歳入歳出決算
決算附属書類	①証書類 ②事業報告書 ③キャッシュ・フロー計算書 ④収益費用明細書 ⑤固定資産明細書 ⑥企業債明細書	①証書類 ②主要な施策の成果を説明する書類 ③歳入歳出決算事項別明細書 ④実質収支に関する事項 ⑤財産に関する調書

▶表8−2　決算書類上の消費税の取扱い

項目	消費税及び地方消費税	
	込	抜
決算報告書（備考欄に消費税相当分を内書）	○	
損益計算書		○
剰余金計算書又は欠損金計算書		○
剰余金処分計算書又は欠損金処理計算書		○
貸借対照表		○
キャッシュ・フロー計算書	—	—
収益費用明細書		○
固定資産明細書		○
企業債明細書	—	—
事業報告書　総括事項	工事○	損益○
事業報告書　工事の概況	○	
事業報告書　事業収入に関する事項		○
事業報告書　収益的収入の年度別構成比		○
事業報告書　事業費に関する事項		○
事業報告書　収益的支出の年度別構成比		○
事業報告書　重要契約の要旨	○	
事業報告書　企業債及び一時借入金の概況	—	—

● 　1　決算報告書

　公営企業の会計は、一般会計と同様に予算制度を採用しています。そのため、収益的収入支出及び資本的収入支出予算に対する実績を示す決算報告書が作成されることとなっています。

　決算報告書は、予算の場合と同様に税込経理です。

（1）　収入事項

　「地方公営企業法第24条第3項の規定による支出額に係る財源充当額」は、予算の弾力条項を使用した場合、増加収入額のうち弾力条項による支出額と同額を記載します。

　「地方公営企業法第26条の規定による繰越額に係る財源充当額」は、建設改良費の繰越及び事故繰越財源として前年度の予算繰越計算書に計上したものを記載します。

　「継続費逓次繰越額に係る財源充当額」は、前年度の継続費繰越計算書に財源として計上したもののうち当該年度に収入されたものを記載します。

　「決算額」は、公営企業会計は発生主義ですので、収益的収入についても、資本的収入についても債権が確定しているにもかかわらず年度末に未収入であっても収入として決算します。

　「予算額に比べ決算額の増減」には、決算額が予算額より減少している場合には、「△何円」と記載します。

　「備考」は、特に説明が必要な事項を記載します。例えば、

　①　収入のうち翌年度へ繰り越される支出の財源に充当する額

　②　企業債収入のうち起債前借分の金額

③　決算額と予算額とに著しい差異がある場合の理由
等を記載します。

(2)　支出事項

　「予備費支出額」は、予算に設けた予備費の支出額（振替額ですので、実際の支出額ではありません。）について記載します。予備費の欄にはその振替額だけ「△何円」と記載します。したがって、「予備費支出額」の合計額は常に「０円」となります。

　「流用増減額」は、項の間の流用について記載します。

　「地方公営企業法第24条第３項の規定による支出額」は、弾力条項を発動した場合の支出額を記載します。この「支出額」の金額は、収入における「財源充当額」と一致します。

　「地方公営企業法第26条（又は第26条第２項）の規定による繰越額（予算額）」は、前年度からの繰越額を記載しますが、繰越については、建設改良費の繰越（法第26条第１項）及び事故繰越（法第26条第２項）があり、それぞれの計上金額は、前年度の予算繰越計算書に計上された繰越額と一致します。

　「継続費逓次繰越額（予算額）」は、地方自治法第212条及び地方自治法施行令第18条の２における逓次繰越額を記載します。その計上額は、前年度の継続繰越計算書に計上された繰越額と一致します。

　「決算額」は、収入の場合と同様に発生主義による決算が行われ、収益的支出と資本的支出の取扱いに差異はありません。

　「翌年度繰越額」の「地方公営企業法第26条の規定による繰越額」には、法第26条の規定による翌年度への繰越額を、「継続費逓次繰越額」には令第18条の２の規定による継続費の逓次繰越額を記載します。この場合、

それぞれの計上金額は、それぞれの本年度の予算繰越計算書及び継続費繰越計算書に計上された金額と一致します。

「不用額」は、予算額（合計）から決算額及び翌年度繰越額（合計）の合計額を控除した残額を記載します。したがって、令第18条第5項ただし書きの規定による予算超過支出額がある場合には、不用額は「△何円」と記載します。

「備考」は、支出について特に説明を要する事項を記載します。例えば、

① 現金の支出を伴わない経費等で予算額を超過して支出した額

② 通常の減価償却費の額を超えて減価償却費を計上し、決算を行った場合のその超えた額

③ 不用額が著しく多額に上った場合のその理由

等を記載します。また、消費税及び地方消費税相当分についても注記します。

（3） 財源補塡説明

予算においては、資本的収入額が資本的支出額に不足する額の補塡について、予算様式第4条本文かっこ書で説明します。決算も予算と同様に、収入不足額を説明します。

資本的収入決算額のうちには、本年度の支出決算額の財源ではなく、翌年度へ繰り越される支出額の財源として使用されるべきものが生じることがありますが、この場合には、資本的収入額からその翌年度へ繰り越すべき金額を控除して、収入不足額を補塡説明します。

収益的収入額が収益的支出額に不足する場合（本年度において、欠損が生じた場合）は、一般会計等からの長期借入金を受け入れたとき及び災害復旧のため国庫補助金、災害復旧債、資本的収入額が資本的支出額

に不足する場合と同様の例によってその説明をします。

　また、消費税があるため、「消費税資本的収支調整額」についての資本的収支の不足額に対する補塡の説明が必要になります。

　公営企業の決算報告書の様式は、則別記第9号様式により示されており、**表8−3**のとおりです。

||||||||||||||||||||||||||||||||||||||||||||||||||||||||||||||||||||||||||||||||||||||||||||||||||||||||||||||||||||

● 2　損益計算書

（1）　損益計算書の意義

　損益計算書（Profit and Loss Statement：P/L）とは、一営業期間における企業の経営成績を明らかにするために、その期間中に得たすべての収益と、これに対応するすべての費用を記載し、純損益とその発生の由来を表示した報告書です。損益計算書は、企業が事業年度内にいかなる経営活動によってどれだけの効果があったかを知るとともに、それに基づいて過去の経営を分析し、また将来の方針をたてるのに役立つもので収益と費用の差引から利益が計算されます。

　英語では、一定期間に得られた利益を計算する表としてインカム・ステートメント（Income Statement：アメリカ系の呼び方）、あるいは、プロフィット・アンド・ロス・ステートメント（Profit and Loss Statement：イギリス系の呼び方）と呼ばれています。

▶**図8−1　損益計算書**

費用	収益
純利益	

収益　−　費用　＝　純利益

▶表8－3　令和[何]年度Ａ市水道事業決算報告書

(1) 収益的収入及び支出

収　入

区　　分	当初予算額	補正予算額	計	地方公営企業法第24条第3項の規定に係る財源充当額	合　計	決　算　額	予算額に比べ決算額の増減	備　考
第1款 水道事業収益	円 156,101,800	円 0	円 156,101,800	円 0	円 156,101,800	円 139,529,809	円 △16,571,991	(うち、仮受消費税及び地方消費税 12,268,320円) (〃 40,000円)
第1項 営業収益	155,200,800	0	155,200,800	0	155,200,800	138,654,365	△16,546,435	
第2項 営業外収益	900,000	0	900,000	0	900,000	875,444	△24,556	
第3項 特別利益	1,000	0	1,000	0	1,000	0	△1,000	

支　出

区　　分	当初予算額	補正予算額	予備費支出額	流用増減額	地方公営企業法第24条第3項の規定による支出額	小　計	地方公営企業法第26条第2項の規定による繰越額	合　計	決算額	不用額	備　考
第1款 水道事業費用	円 155,300,200	円 0	円 0	円 0	円 0	円 155,300,200	円 0	円 155,300,200	円 138,321,178	円 16,979,022	(うち、仮払消費税及び地方消費税 48,775,882円) (〃 6,949円)
第1項 営業費用	136,800,200	0	0	0	0	136,800,200	0	136,800,200	121,619,356	15,180,844	
第2項 営業外費用	17,400,000	0	0	0	0	17,400,000	0	17,400,000	16,701,822	698,178	
第3項 予備費	1,100,000	0	0	0	0	1,100,000	0	1,100,000	0	1,100,000	

(2) 資本的収入及び支出

収入

区分	予算額						決算額	予算額に比べ決算額の増減	備考
	当初予算額	補正予算額	小計	地方公営企業法第26条の規定による繰越額に係る財源充当額	継続費繰越額に係る財源充当額	合計			
第1款 資本的収入	円	円	円	円	円	円	円	円	
第1項 企業債	35,500,000	0	35,500,000	0	0	35,500,000	35,500,000	0	
第2項 出資金	30,000,000	0	30,000,000	0	0	30,000,000	30,000,000	0	
第3項 固定資産売却代金	500,000	0	500,000	0	0	500,000	500,000	0	

支出

区分	予算額							決算額	翌年度繰越額				不用額	備考
	当初予算額	補正予算額	流用増減額	小計	地方公営企業法第26条の規定による繰越額	継続費繰越額	合計		地方公営企業法第26条の規定による繰越額	継続費繰越額	次年度繰越額	合計		
第1款 資本的支出	円 42,231,000	円 0	円 0	円 42,231,000	円 3,000,000	円 3,000,000	円 48,231,000	円 44,500,000 (注)	円 0	円 3,000,000	円 0	円 3,000,000	円 731,000	
第1項 建設改良費	37,231,000	0	0	37,231,000	3,000,000	3,000,000	43,231,000	40,000,000	0	3,000,000	0	3,000,000	231,000	仮払消費税及び地方消費税 3,810,000円
第2項 企業債償還金	5,000,000	0	0	5,000,000	0	0	5,000,000	4,500,000	0	0	0	0	500,000	

資本的収入額が資本的支出額に不足する額9,000,000円は、過年度分損益勘定留保資金4,783,000円、当年度分損益勘定留保資金407,000円及び当年度消費税及び地方消費税資本的収支調整額3,810,000円で補填した。

(注) 設例の建設改良費40,000,000円の内訳は課税仕入（工事請負費）38,100,000円、不課税支出（人件費）1,900,000円と仮定している。

（2）　損益計算書の原則

損益計算書の作成に当たっては、企業会計の本質に関連するものとして次の四つの重要な原則があります。

①　収益費用対応の原則

当該年度に属するすべての収益とこれに対応するすべての費用とを記載して経常利益を表示し、これに特別損益に属する項目を加減して、当年度純利益又は当年度純損失を表示しなければなりません。また、費用及び収益は、その発生源泉に従って明瞭に分類し、各収益項目とこれに関連する費用項目とを損益計算書に対応表示しなければなりません。

②　発生主義の原則

すべての費用及び収益はその支出及び収入に基づいて計上し、その発生した年度に正しく割り当てられるように処理しなければなりません。

すなわち、当該年度の費用及び収益を決定するに当たっては、現金の受払いにかかわらず、損益発生の事実に基づいて損益計算を行うこととなります。

③　実現主義の原則

未実現収益は、原則として、当年度の損益計算に計上してはなりません。

これは、収益は発生しただけで必ずしも収益として計上されるのではなく、たとえば資産の評価益のように、いまだ実現していない収益はこれを認めないというものです。

資金不足比率って何だろう？

「資金不足比率」は、地方公営企業経営の健全化を判断する指標です。

地方公共団体の財政の健全化に関する法律に規定されている「資金不足比率」は、平成19年度決算から公表されています。

資金不足比率の計算式は、次のとおりですが、簡単に解説すると「流動負債－流動資産」を営業収益額で除した割合です。

資金不足比率が20％を超える公営企業は、比率を20％未満とするための方策等を定める「経営健全化計画」の策定が義務づけられています。経営健全化計画は、議会の議決を経て速やかに公表するとともに、総務大臣・都道府県知事へ報告します。また、毎年度その実施状況を議会に報告し、公表することになります。

$$資金不足比率 = \frac{資金の不足額}{事業規模}$$

資金の不足額＝A＋B－C

A：「流動負債」の額（一時借入金、未払金等、事業の通常の取引において１年以内に支払期限又は償還期限の到来する債務）

B：「建設改良費等以外の経費」の財源に充てるために起債した企業債残高

C：「流動資産」の額から「事業繰越に係る特定財源」を控除した額－解消可能資金不足額

＊「解消可能資金不足額」は、地方財政法や同施行令で規定されている「資金不足比率」からは除外されます。

事業規模（法適用企業）＝営業収益の額－受託工事収益の額

これに対して、地方財政法に規定されている「資金不足比率」は、地方債の許可基準として用いられています。資金不足比率が10％以上の地方公営企業は、起債に際して総務大臣又は都道府県知事の許可が必要であり、「資金不足等解消計画」を策定しなければなりません。総務大臣又は都道府県知事は、資金不足等解消計画の内容が適当であり、また、その実施が着実に行われている場合は、地方債の発行を許可することになっています。

④　総額主義の原則

費用及び収益は、総額によって記載することを原則とし、費用の項目と収益の項目とを直接に相殺することによってその全部又は一部を損益計算書から除去してはなりません。

これは、営業収益から営業費用を直接に差し引いて、営業損益だけを損益計算書に記載するようなことを固く禁じているのです。

(3)　損益計算書の様式

公営企業の損益計算書の様式は、則別記第10号によって示されており、表8－4のとおりです。

● 3　貸借対照表

(1)　貸借対照表の意義

貸借対照表（Balance Sheet：B/S）は、企業の財政状態を明らかにするため、一定の時点において当該企業が保有するすべての資産、負債及び資本を総括的に表示した報告書です。

すなわち、企業の総資本がどのような源泉から調達されたかを表すとともに、その投入された資本が、企業の内部でいかなる機能を発揮し、どのように運用されているかを示すものです。

また、「資産－負債＝資本」ですから、貸借対照表の資産の部の計と、負債の部と資本の部の合計とは等しくなっています（図8－2）。

絶えずバランスしているという意味で、英語ではバランスシートと呼

ばれています。

▶表8−4　損益計算書様式

令和何年度Ａ市○○事業損益計算書
（令和　年　月　日から　令和　年　月　日まで）

1　営業収益
　(1)　何々　　　　　　　　××××
　(2)　何々　　　　　　　　××××　　　××××
2　営業費用
　(1)　何々　　　　　　　　××××
　(2)　何々　　　　　　　　××××　　　××××
　　　営業利益（又は営業損失）　　　　　　　　　　××××
3　営業外収益
　(1)　何々　　　　　　　　××××
　(2)　何々　　　　　　　　××××　　　××××
4　営業外費用
　(1)　何々　　　　　　　　××××
　(2)　何々　　　　　　　　××××　　　××××　　　××××
　　　経常利益（又は経常損失）　　　　　　　　　　××××
5　特別利益
　(1)　何々　　　　　　　　××××
　(2)　何々　　　　　　　　××××　　　××××
6　特別損失
　(1)　何々　　　　　　　　××××
　(2)　何々　　　　　　　　××××　　　××××　　　××××
当年度純利益（又は当年度純損失）　　　　　　　　××××
前年度繰越利益剰余金　　　　　　　　　　　　　　××××
　　（又は前年度繰越欠損金）
その他未処分利益剰余金変動額　　　　　　　　　　××××
当年度未処分利益剰余金　　　　　　　　　　　　　××××
　　（又は当年度未処理欠損金）

▶図8-2　貸借対照表（B/S）

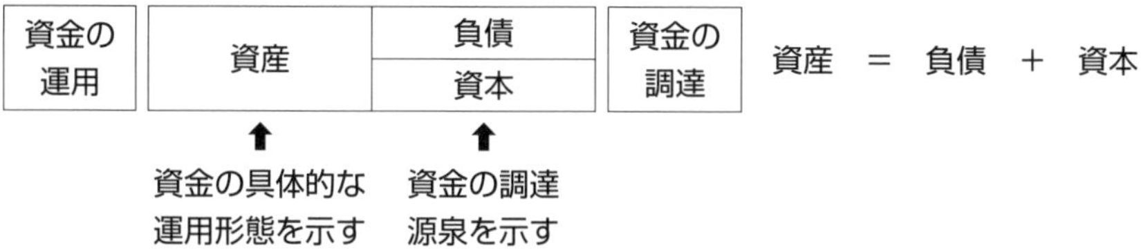

資金の運用	資産	負債	資金の調達
		資本	

資産の具体的な
運用形態を示す

資金の調達
源泉を示す

資産　＝　負債　＋　資本

（2）　貸借対照表の原則

　貸借対照表の作成についても損益計算書と同様に、企業会計原則によってその基準が示されています。

①　完全性の原則

　企業の財政状態を明らかにするため、貸借対照表日におけるすべての資産、負債及び資本を記載し、利害関係者に正しく表示するものでなければなりません。

②　総額主義の原則

　資産、負債又は資本は、総額により記載することを原則とし、資産と負債又は資本とを相殺することにより、これを貸借対照表から除去してはなりません。

③　明瞭性の原則、継続性の原則

　毎年度の貸借対照表を比較対照することにより、企業の財政状態の発展過程を見るため、その形式、科目の名称、分類、配列など、企業が一度採用した方法を毎年継続して使用し、みだりに変更してはなりません。

(3) 貸借対照表の区分

貸借対照表は、資産の部、負債の部及び資本の部の三区分に分けられ、さらに資産の部を固定資産、流動資産及び繰延資産に、負債の部を固定負債、流動負債及び繰延収益に、資本の部を資本金及び剰余金に区分することとなっています。

(4) 貸借対照表の様式

公営企業の貸借対照表の様式は、則別記第13号によって示されており、表8-5のとおりです。

||||||||||||||||||||||||||||||||||||||||||||||||||||||||||||||||||||||||||||||||||||||

● 4 剰余金（欠損金）計算書

剰余金（利益剰余金及び資本剰余金）又は欠損金が、その年度中に、どのように増減変動したかの内容を表す報告書です。

貸借対照表に記載されている剰余金又は欠損金は、変動した後の結果であって、その年度中の変化は剰余金計算書によって知ることができます。

公営企業の剰余金計算書の様式は、則別記第11号様式により示されており、表8-6のとおりです。

▶表8−5　貸借対照表の様式

令和何年度Ａ市○○事業貸借対照表
（令和　年　月　日）

資産の部

1　固定資産
　(1)　有形固定資産
　　　イ　何々（例：土地）　　　　　×××
　　　ロ　何々（例：建物）　　　　　×××
　　　　　減価償却累計額　　　　　×××　　　×××
　　　有形固定資産合計　　　　　　　　　　×××
　(2)　無形固定資産
　　　イ　何々（例：借地権）　　　×××
　　　ロ　何々（例：施設利用権）　×××
　　　　　無形固定資産合計　　　　　　　　×××
　(3)　投資
　　　イ　何々（例：投資有価証券）×××
　　　ロ　何々（例：出資金）　　　×××
　　　　　投資合計　　　　　　　　　　　　×××
　　　　　固定資産合計　　　　　　　　　　　　　×××
2　流動資産
　(1)　現金預金　　　　　　　　　　　×××
　(2)　未収金　　　　　　　　　　　　×××
　(3)　有価証券　　　　　　　　　　　×××
　(4)　貯蔵品　　　　　　　　　　　　×××
　(5)　短期貸付金　　　　　　　　　　×××
　(6)　前払費用　　　　　　　　　　　×××
　(7)　前払金　　　　　　　　　　　　×××
　(8)　その他流動資産　　　　　　　　×××
　　　流動資産合計　　　　　　　　　　　　　×××
3　繰延資産　　　　　　　　　　　　　　　　×××
　　　資産合計　　　　　　　　　　　　　　　×××

負債の部

4　固定負債
　(1)　企業債　　　　　　　　　　　　×××

(2)	他会計借入金	×××	
(3)	引当金	×××	
(4)	その他固定負債	×××	
	固定負債合計		×××
5	**流動負債**		
(1)	企業債		
(2)	一時借入金	×××	
(3)	未払金	×××	
(4)	未払費用	×××	
(5)	前受金	×××	
(6)	その他流動負債	×××	
	流動負債合計		×××
6	**繰延収益**		
(1)	長期前受金		
(2)	収益化累計額	×××	
	繰延収益合計		×××
	負債合計		×××

資本の部

7	**資本金**		×××
8	**剰余金**		
(1)	資本剰余金		
	イ　何々（例：再評価積立金）	×××	
	ロ　何々（例：受贈財産評価額）	×××	
	資本剰余金合計	×××	
(2)	利益剰余金		
	イ　減債積立金	×××	
	ロ　利益積立金	×××	
	ハ　何々	×××	
	ニ　当年度未処分利益剰余金	×××	
	利益剰余金合計	×××	
	剰余金合計		×××
	資本合計		×××
	負債資本合計		×××

▶表8−6 剰余金計算書の様式

令和何年度（地方公共団体名）何事業剰余金計算書

（令和 年 月 日から令和 年 月 日まで）

	資本金	資本剰余金					利益剰余金					資本合計
		再評価積立金	受贈財産評価額	寄附金	何々	資本剰余金合計	減債積立金	利益積立金	何々積立金	未処分利益剰余金	利益剰余金合計	
前年度末残高												
前年度処分額												
議会の議決による分額												
何々												
何々												
条例第 条による処分額												
何々												
何々												
当年度純利益												
処分後残高										（繰越利益剰余金）		
当年度変動額												
何々												
何々												
当年度純利益												
当年度末残高										（当年度純利益剰余金）		

（注）
1　欠損金計算書は、この様式に準じて作成すること。
2　この計算書における△の表記は、減少、損失又は欠損を示すものであること。
3　前年度処分額、当年度変動額の欄中「何々」とあるのは、処分、変動の内訳について事由（何々積立金の積立、欠損補填、出資の受入れなど）ごとに記載すること。
4　議会の議決による処分額、法第32条第2項から第4項の規定による処分額の欄は、法第32条第2項及び第3項の規定に基づく条例の規定により処分を行ったものについて、それぞれ記載するものであること。

5 剰余金処分（欠損金処理）計算書

　繰越利益剰余金年度末残高に当年度純利益を加えた額（又は純損失を減じた額）である当年度未処分利益剰余金は、利益処分の対象となる剰余金であって、この処分についての計算書が剰余金処分計算書です。反対に当年度未処理欠損金がある場合、その欠損金をどのように補填するかを示したものが欠損金処理計算書です。

　公営企業の剰余金処分計算書の様式は、則別記第12号様式により示されており、**表8－7**のとおりです。

▶表8－7　剰余金処分計算書の様式

令和何年度（地方公共団体名）何事業剰余金処分計算書

	資本金	資本剰余金	未処分利益剰余金
当年度末残高			
議会の議決による処分額			
何々			
何々			
条例第　条による処分額			
何々			
何々			
処分後残高			（繰越利益剰余金）

（注）　1　欠損金処理計算書は、この様式に準じて作成すること。
　　　　2　この計算書における△表記は、減少又は欠損を示すものであること。
　　　　3　「何々」は、処分の内訳について事由（何々積立金の積立、欠損補填など）ごとに記載すること。
　　　　4　条例第　条による処分額の欄は、法第32条第2項及び第3項の規定に基づく条例の規定により処分を行つたものについて、記載するものであること。

利益等の処分

① 利益剰余金、資本剰余金、資本金（法第32条）

公営企業は、毎事業年度利益を生じたときには、その利益をもって前事業年度から繰り越した欠損金をうめなければなりません。これ以外にも毎事業年度生じた利益剰余金の処分をする場合には、条例の定めるところにより、又は議会の議決を経て行わなければなりません。また、利益の処分と同様に資本剰余金についても、条例又は議会の議決により処分しなければなりません。なお、経営判断により資本金の額を減少する場合には議会の議決を経なければならないこととされています。

② 納付金（法第18条第2項）

一般会計等から負担区分に基づく出資以外の出資がなされている場合には利益の状況に応じ、その出資をした会計に対し納付金を納付するものとなっています。

しかし、納付金の納付は、資金の外部流出となるので、長期的な観点から企業経営に与える影響を考慮する必要があります。

6　決算附属書類

公営企業において、決算について作成すべき書類として必要な決算報告書及び財務諸表については、すでに述べてきたとおりです。そのほかに、これらの補助説明ないし内訳説明として、キャッシュ・フロー計算書、収益費用明細書、固定資産明細書及び企業債明細書を作成しなければなりません（令第23条）。

（1） キャッシュ・フロー計算書

　キャッシュ・フロー計算書とは、一事業年度のお金の流れに関する報告書です。発生主義会計に基づき作成される損益計算書では、収益は現金収入のときではなく、実現のときに認識されることから、収益・費用

▶表8-8　間接法におけるキャッシュ・フロー計算書

キャッシュ・フロー計算書
（令和　年　月　日から令和　年　月　日まで）

1　業務活動によるキャッシュ・フロー	
当期純利益	×××
減価償却費	×××
支払利息	×××
何々	×××
小計	×××
利息及び配当金の受取額	×××
何々	×××
業務活動によるキャッシュ・フロー	×××
2　投資活動によるキャッシュ・フロー	
有形固定資産の取得による支出	△×××
何々	×××
投資活動によるキャッシュ・フロー	×××
3　財務活動によるキャッシュ・フロー	
建設改良費等の財源に充てるための企業	
債の償還による支出	△×××
何々	×××
財務活動によるキャッシュ・フロー	×××
資金増加額	×××
資金期首残高	×××
資金期末残高	×××

を認識する時期と、現金の収入・支出が発生する時期とに差異が生じます。しかし企業活動を安定的に続けていくためには、事業活動と現金収支の関係を明確にし、現金の増減の状況を把握しておく必要があります。キャッシュ・フロー計算書の導入により、この現金の収入・支出（お金の流れ）に関する情報を得ることができるのです。キャッシュ・フロー計算書では、資金収支をもたらした経営活動をもとに、キャッシュ・フローを三つに区分して表示し、活動ごとのキャッシュ・フローを表示した上で、事業年度内の資金収支の合計を記載する様式となっています。三つの区分とは、

- 業務活動によるキャッシュ・フロー（営業収入や人件費による支出等）
- 投資活動によるキャッシュ・フロー（固定資産の取得や建設改良等）
- 財務活動によるキャッシュ・フロー（他会計からの出資や企業債による収支）

です。

　これによりたとえば「投資活動によるキャッシュ・フロー」がマイナスで、「業務活動によるキャッシュ・フロー」及び「財務活動によるキャッシュ・フロー」がプラスであれば、固定資産の取得や建設改良等による支出（現金の減少）を業務活動による営業収入や財務活動による借入（企業債）による収入によって補っていることが明らかになります。収益費用明細書、固定資産明細書及び企業債明細書は、損益計算書や貸借対照表の内訳説明書として作成されるものです。

(2)　収益費用明細書

　収益費用明細書は、勘定科目が「目」までの金額しか表示されていない損益計算書の内訳について、「節」の収益、費用を表示して詳しく説

明するために作成します。

　計数は損益計算書と同じく税抜経理によります。様式は則別記第16号で示されており、表8－9のとおりです。

▶表8－9　収益費用明細書の様式

収益費用明細書

款	項	目	節	金　　額	備　　考
収　　益 合　計				円	
費　　用 合　計					

(注)　1　各部の款項目節は、勘定科目の区分によること。
　　　 2　令第17条第1項第8号に規定する議会の議決を経なければ流用できない費用については、備考欄にその予算額を掲記すること。
　　　 3　収益、費用は、それぞれ別紙とするも差しつかえないこと。

（3）　固定資産明細書

　固定資産明細書は、貸借対照表に記載されている固定資産の内訳を説明するために作成します。様式は則別記第17号で示されており、表8－10のとおりです。

▶表8－10　固定資産明細書の様式

（1）　有形固定資産明細書

資産の 種　類	年度当初 現在高	当年度 増加額	当年度 減少額	年度末 現在高	減価償却累計額			年度末償 却未済高	備　　考
					当年度 増加額	当年度 減少額	累計		

(2) 無形固定資産明細書

資産の 種 類	年度当初 現 在 高	当年度 増加額	当年度 減少額	当年度減 価償却高	年度末 現在高	備 考
計						

(注) 1 貸借対照表に揚げる資産の科目の種類別に記載すること。
    2 種類別による資産の科目の総額が１万円に満たないものについては、「その他」として一括して記載することができること。
    3 著しい増減については、その理由を備考欄に記載すること。
    4 則第14条第３項の規定により管理者が減価償却の方法を定めている場合は、その具体的内容を備考欄に記載すること。

(4) 企業債明細書

　企業債明細書は、貸借対照表に記載されている負債のうち、企業債について説明するために作成します。様式は、則別記第18号で示されており、表８−11のとおりです。

▶表８−11　企業債明細書の様式

企業債明細書

種 類	発 行 年月日	発行 総額	償還高		未償還 残 高	発行 価額	利率	償還 終期	備 考
			当年度 償還高	償還高 累 計					
計					(　　　)				

(注) 1 建設改良費等の財源に充てるための企業債とその他の企業債は、種類の欄で区分すること。
    2 利率の欄には、年利により記載すること。なお、利率見直し方式による借入れを行つた場合は、文言で記載することができること。
    3 借入条件について著しい異動があつた場合は、その内容を備考欄に記載すること。
    4 計の欄の（　）内には、償却原価法適用後の未償還残高の合計額を記載すること。

● 7 注 記

　公営企業は、財務諸表を作成するに当たり採用した会計処理の基準及び手続を「注記」として開示し、明瞭に表示する必要があります。

　注記すべき事項とされているのは、重要な会計方針にかかる事項に関する注記、予定キャッシュ・フロー計算書等に関する注記、セグメント情報に関する注記等です（則第35条）。これは公営企業の業種や置かれた環境等が異なる中で、各公営企業における財務諸表の作成基準や手続等を注記することにより、財政状況等の判断・比較を容易にするという趣旨に基づくものです。

　たとえばセグメントとは、企業活動を事業活動の特徴等により区分した事業単位のことですが、これに関する注記は、水道事業では水道・簡易水道、交通事業では路面電車・バス・モノレール、病院事業では病院・診療所など、複数の事業や施設が同一の企業として経営されている場合に、住民等にその事業内容をより詳細に理解し評価してもらうため、事業単位や施設単位での損益や資産の状況等を記載するものです。

　セグメントの区分は、事業単位の有無も含め、各公営企業において判断することとし、企業管理規程で定めることとしています。

▶表8−12 セグメント情報に関する注記例

・報告セグメントの概要

　　○○事業会計は、A 事業及び B 事業を運営しており、各事業で運営方針等を決定していることから、A 事業及び B 事業の2つを報告セグメントとしている。

　　なお、A 事業では▲▲▲▲の業務を、B 事業では△△△△の業務を行っている。

・報告セグメントごとの営業収益等

当年度（自 令和　○○年4月1日　至 令和　○○年3月31日）

（単位：千円）

	A 事業	B 事業	合計
営業収益	500,000	400,000	900,000
営業費用	450,000	380,000	830,000
営業損益	50,000	20,000	70,000
経常損益	98,000	35,000	133,000
セグメント資産	11,000,000	9,000,000	20,000,000
セグメント負債	9,000,000	8,000,000	17,000,000
その他の項目			
他会計繰入金	35,000	100,000	135,000
減価償却費	400,000	350,000	750,000
特別利益	200,000	180,000	380,000
特別損失	150,000	200,000	350,000
有形固定資産及び			
無形固定資産の増加額	500,000	400,000	900,000

議会の議決処分を受けていない未処分利益剰余金は、
資本的支出の補塡財源として使用できるか

　利益剰余金の処分は、条例又は議会の議決によって定められることから、資本的支出の補塡財源として使用することができるのは、その年度の決算が確定して剰余金処分の議決を経るのがその翌年度なので、翌年度の議会まで待たなければならないこととなります。

　しかし、たとえば、料金の算定基礎に事業報酬として減価償却費と企業債償還金との差額を算入しているような場合にあっては、その年度の利益を1年遅れではなく、当該年度において資本的支出の補塡財源として使用する必要が生じます。このような場合は、確実な利益に限り正式な剰余金処分を行う前にあらかじめ予算（予算様式第12号）に定めることにより、その金額を補塡財源として使用することができます。

第 9 章

法の規定の適用

第1節

法の規定が適用される企業

　法は、地方自治法、地方財政法及び地方公務員法に対する特別法です。地方公共団体が経営する企業に同法が適用される場合、組織については原則として管理者が設置され、財務については特別会計による企業会計方式の経理、管理者による出納等が行われ、職員の身分取扱いについては企業職員に対して地方公営企業労働関係法が適用されます。

　法の適用は、企業の種類によって、

- 法の規定の全部が当然に適用される企業
- 財務規定等（法第３条から第６条まで、第17条から第35条まで、第40条から第41条まで及び附則第２項と第３項までの規定をいいます。）が当然に適用される企業
- 任意に条例により法の規定の全部又は財務規定等を適用する企業

に分けられます。

　法の規定の全部が当然に適用される企業は法第２条第１項の規定により、水道事業（簡易水道事業を除きます。）、工業用水道事業、軌道事業、自動車運送事業、鉄道事業、電気事業及びガス事業の７事業とされています。これらの法定事業は、法の規定の全部が強制的に適用されるため、条例により法の規定を適用しないことはできません。

　病院事業は、財務規定等が当然に適用されており、これも同様に財務規定等を適用しないことはできません。ただし、財務規定等を除く法の規定は、条例で定めることにより適用することができ、適用するか否か

は地方公共団体の判断とされています。

　下水道事業や簡易水道事業などのその他の事業においては条例により法を適用することができます。条例により法を適用することができる企業は、独立採算が可能なもの又は不完全ながらもその経費を主に経常収入でまかなえる程度に採算が可能な事業であることが考えられます。また、条例で法の規定を適用する方法としては、法の規定の全部を適用するか、財務規定等を適用するかの2とおりがあるだけであり、たとえば法第4章を除く法の規定を適用するなどの方法は認められません。

　なお、これらの企業については法を適用するか否かは地方公共団体の任意とされています。いままで法を適用していたところを適用しないこととすることや、法の規定の全部を適用しているものを、これに代えて財務規定等のみを適用することなどもできます。この場合は、それぞれ当該条例を廃止又は改正すれば足ります。

··

適用する際の経過措置

　財務規定（法第３章）を適用する場合、発生主義に基づく会計処理、管理者（又は長）による出納決算事務の処理への切替等の必要があります。この場合、経過措置として次のようないくつかの特例が認められています。

(1)　事業年度と会計年度

　法の適用の日の属する事業年度は、法の適用の日から始まり、同日の属する会計年度の末日に終わることとなります。これにより、法の適用の日の前日の属する会計年度は、同日をもって終了することとなります。

(2)　出納閉鎖と決算作成

　適用の日の前日の属する会計年度に属する出納は同日をもってすべて打ち切られ、決算は、証書類と併せて会計管理者から出納閉鎖後３か月以内に長に提出しなければなりません。この場合、他の会計と比較して出納閉鎖日が異なるため、会計管理者が長に提出すべき期間が異なり、また、歳入不足を生じた場合の手続が異なることから、他の事務事業と同一の会計で経理している場合には不都合を来すことになります。そこで、法の適用を受ける事業については、あらかじめ当該事業のみにかか

る特別会計を設けて経理しておくことが適当だといえます。

(3)　一時借入金の扱い

　適用の日の前日の属する会計年度の決算について歳入不足額を生じた場合において、一時借入金があって償還することができない場合には、その償還することのできない金額を限度として借り換えることができることとなります。この借り換えた一時借入金は、開始貸借対照表上の一時借入金として整理し、法の適用の日の属する事業年度内に借入金以外の収入をもって償還しなければなりません。

(4)　未収金・未払金の扱い

　決算に際して法の適用の日の前日に属する会計年度以前の会計年度に発生した債権又は債務に係る未収金又は未払金がある場合においては、これらは、法の適用の日の属する事業年度に属する債権又は債務として整理するものとなります。

経理職員心得帳

開始貸借対照表の作成

　作成の手順として、まず、法の適用の日現在における資産額及び負債額を確定し、次に〔資産－負債＝資本〕の算式により資本の金額を確定します。
　このようにして確定された資本金は、実務上区分が不可能ですので、原則として全額資本金として整理することになります。しかし、再評価積立金や補助金等、資本剰余金として区分すべきものの金額が明らかであるものは、資本金には含めずに資本剰余金として整理することが適当といえます。

(5)　予算繰越の経過措置

　地方自治法に基づく会計から企業会計に移行することになりますが、法の適用の前日の属する会計年度の歳出予算の経費の金額のうち、地方自治法に基づく会計において繰越明許費（建設改良にかかるものに限ります。）及び事故繰越として翌年度に繰り越すこととしたものについては、法の適用の日の属する事業年度に限り使用することができます。なお、継続費については、地方自治法上の会計における継続費と企業会計における継続費とは、両会計間において引き続き繰り返して使用することができます。また、債務負担行為についても同様に、地方自治法上の会計から企業会計に引き継がれます。

(6)　資産の取得と処分

　法の適用の日より前にその取得又は処分について議会の議決を経ている資産で、法の適用の日の前日までに取得又は処分が終わらなかったものについては、法の適用の日の属する事業年度に限り、新たに予算で定めることなく、当該議決に基づいて当該資産の取得又は処分をすることができます。

(7)　職員の賠償責任

　法の適用前の事実に基づく職員の賠償責任については、地方自治法第243条の2に定める手続によります。

(8)　資産の再評価

　当該企業の資産について、再評価をする必要が生じます。

　なお、再評価とは、資産の適正な減価償却を確立するために、貨幣価値の下落によって実態とはかけ離れて低く表示されている資産の帳簿価格を、貨幣価値の変動を考慮して実態に即するよう増額修正することをいいます。

(9)　開始貸借対照表の作成

　法の適用の日から発生主義に基づく経理が行われ、帳簿整理が行われることになりますので、適用の日現在において開始貸借対照表を作成しておくことが必要となります。

経理職員心得帳

資産の再評価

　資産の再評価は、昭和27年３月31日以前の取得資産について、再評価則によって行われます。その対象となる資産は再評価基準日（昭和27年３月31日）に有していた資産で、次に掲げる資産以外の資産ですが、その場合、有形減価償却資産及び土地事業用資産（土木を除きます。）は強制再評価資産であり、無形償却資産、土地の上に存する権利（地上権、借地権等）及び立木は任意再評価資産であるとされています。

再評価の対象とならないもの

① 現金、預金、貯金、貸付金、未収金、その他の債権
② 国債、地方債、社債、その他の有価証券
③ 原材料、製品、半製品、貯蔵品、その他たな卸資産

適用しないこととした際の
経過措置

　それまで法を適用していて、法を適用しないこととした場合について
も、新たに法を適用するとした場合と同様に、財務に関する経過措置が
認められています。

(1)　事業年度

　公営企業以外の企業について法の適用の全部又は財務規定等の適用が
ないこととなる場合においては、その適用がないこととなる日の前日の
属する当該事業の事業年度は、同日をもって終了します。

(2)　決算手続

　法の適用がないこととなる日の前日の属する事業年度の決算は、従前
の例によって行われます。ただし、法の適用がないこととなることによっ
て管理者が存在しなくなるので、管理者の権限は長が行うこととなりま
す。なお、それまで財務規定等を適用していた場合には、管理者の権限
は長が行い、条例で定めるところにより決算について会計管理者が行う
ことができるので、この場合には、決算の手続は長又は会計管理者が行
うこととなります。

(3)　一時借入金の扱い

　法の適用がないこととなる日の前日の属する事業年度の決算について、一時借入金がある場合には、法の適用がないこととなる日の属する会計年度において一時借入金返還金として歳出に計上して返還しなければなりません。現金（預り金に属するものを除きます。）がある場合においては、法の適用がないこととなる日の属する会計年度の歳入に引継金として計上することが適当といえます。

(4)　未収金・未払金の扱い

　決算に際して、法の適用がないこととなる日の前日の属する事業年度以前の事業年度に発生した債権又は債務にかかる未収金又は未払金がある場合においては、これらは法の適用がないこととなる日の属する会計年度において、これら歳入歳出とも一括して計上する方法も考えられますが、歳入についてはその未収となっている債権の性質、歳出についてはその未収となっている債務の性質に従って区分計上することが適当といえます。

(5)　予算の繰越

　企業会計において建設改良費として計上されているものや事故繰越をすることとしたものについては、法の適用がないこととなる日の属する会計年度に限り使用することができます。なお、継続費については、両会計間において引き続き繰り返して使用することができます。

(6) 資産の取得と処分

　企業会計予算において定めている資産の取得又は処分で、法の適用がないこととなる日の前日までに取得又は処分が終わらなかったものについては、法の適用がないこととなる日の属する会計年度に限り、当該予算の定めに基づいて当該資産の取得又は処分をすることができます。

(7) 職員の賠償責任

　法の適用されている時点の事実に基づく職員の賠償責任については、法第34条に定める手続によります。この場合において、管理者の権限は当該地方公共団体の長が行うこととなります。

事務の引継ぎ

　法の適用前の企業の業務を執行しているのは、一般事務については長であり、出納及び決算の事務については会計管理者です。法の適用の異動に伴って、長、会計管理者及び管理者相互間の事務の引継ぎが必要となります。

　当該企業の法の規定の全部を適用することとなった場合は、一般事務のうち法第８条第１項に掲げる事務（以下「基本的事務」といいます。）は、長にそのまま留保されます。一般事務のうち基本的事務を除くものや、出納、決算の事務については、すべて管理者の権限となります。管理者を置かないことにしたときには、管理者の権限は長が行いますので、長の事務引継ぎは不要となり、決算・会計の事務について会計管理者から長への事務の引継ぎを行えばよいです。

　また、財務規定等を適用することとなった場合は、一般事務や決算・会計の事務はすべて長の権限となるので、出納・決算の事務について会計管理者から長への事務の引継ぎが必要となります。ただし、法第34条の２ただし書の規定により出納・決算の事務の全部又は一部を会計管理者に行わせるときには、その会計管理者が行うこととなる出納・決算の事務は事務の引継ぎは不要です。

　法の規定の全部に代えて財務規定等を適用する場合、又は財務規定等を除く法の規定を適用しない場合は、管理者が行っていた権限は長が行いますので、管理者から長への事務の引継ぎが必要となります。

なお、事務の引継ぎは必要が生じた日から10日以内に行わなければなりません。事務の引継ぎの手続としては、この期限のほかは特に規定がありませんが、地方自治法施行令に規定されている長又は会計管理者相互間の事務引継ぎの手続に準じて行うことが適当だといえます。

事前措置等

　地方公共団体の経営する企業について、法を適用しようとする場合に
おいては、適用に必要な手続を適用日前までに行うことができます。こ
の場合、管理者が行うべき権限で、企業管理規程の制定権等、法適用の
前日までに行うことが必要な措置は、法の適用日前には管理者がいない
ので、長が代わって行うことになります。

総務大臣への報告

　法の規定を適用する場合又は適用を廃止する場合には、遅滞なくその旨を総務大臣に報告しなければなりません。この場合、都道府県又は指定都市（都道府県又は指定都市の加入する一部事務組合を含みます。）においては直接総務大臣に、その他の地方公共団体においては都道府県知事を経由して総務大臣に提出します。

経理職員心得帳

企業団と一部事務組合の相違点は

　企業団と一部事務組合は、どちらも関係地方公共団体が事務を共同処理するために設けられる特別地方公共団体です。ともすれば同じものとも思われがちですが、次のような相違点があります。
① 企業団は一部事務組合のうち、法の規定の全部を適用している公営企業を経営している団体をいいます。したがって、財務規定のみを適用している事業又は法の規定を適用していない事業の場合は一部事務組合となります。
② 法の規定の全部を適用している事業を運営している団体であっても、その事業以外の事務を合わせて行う団体は企業団には含まれません。
③ 企業団には法第39条の2により一部事務組合に対する特例が規定されており、長の名称、選任、監査委員の選任、議員の定数などに特例が認められています。

やさしい公営企業会計（第３次改訂版）

令和２年11月20日　第１刷発行
令和６年５月10日　第４刷発行

編　者　地方公営企業制度研究会

発　行　株式会社**ぎょうせい**

〒136-8575　東京都江東区新木場1-18-11
URL：https://gyosei.jp

フリーコール　0120-953-431

ぎょうせい　お問い合わせ　検索　https://gyosei.jp/inquiry/

〈検印省略〉

印刷　ぎょうせいデジタル株式会社　　　　　　　　©2020　Printed in Japan
※乱丁・落丁本はお取り替えいたします。

ISBN978-4-324-10908-3

(5108660-00-000)

〔略号：公営企業会計（３訂）〕